I0184565

ALBUM
DE
LA GRANDE-SAUVE

PAR

LÉO DROUYN,

Membre de l'Académie des Sciences, Belles-Lettres et Arts de Bordeaux; Inspecteur des Monuments
historiques de la Gironde, pour la Société française; Professeur de dessin au collège de la Sauve.

PROSPECTUS.

Encouragé par le succès qu'a obtenu mon premier ouvrage intitulé : *Choix des types les plus remarquables de l'architecture au moyen âge dans le département de la Gironde*, j'ai entrepris une nouvelle publication.

La première embrassait tous les monuments du département ; dans celle-ci je n'en étudie qu'un seul, mais j'ai choisi celui qui passe, à juste titre, pour le plus remarquable de l'Entre-deux-Mers.

La Sauve, par ses souvenirs historiques, ses magnifiques ruines romanes et son collège, doit intéresser les historiens, les archéologues, les touristes et les pères de famille.

L'ouvrage entier se composera de *seize* gravures à l'eau-forte imprimées sur quart grand-colombier et papier de Chine.

En face de la gravure se trouvera un texte qui en donnera la description. Ce texte, lorsque nous en serons arrivés à la description archéologique, c'est-à-dire à partir de la planche IV, sera enrichi de quelques gravures sur bois.

La publication sera divisée en *huit* livraisons de deux gravures.

Le prix de chaque livraison (texte et planche) est de *deux* francs; l'ouvrage entier coûtera donc *seize* francs.

Les livraisons paraîtront à un mois à-peu-près d'intervalle.

Déjà, avant d'avoir lancé mon ouvrage dans le public, un certain nombre de souscripteurs sont venus à moi. De ce nombre, il faut compter le Conseil-Général de la Gironde qui a souscrit pour *douze* exemplaires, et la ville de Bordeaux qui en a pris *vingt*.

Si, depuis que j'ai fait paraître mon premier ouvrage, cinq ans d'études non interrompues, m'ont fait faire quelques progrès, j'espère que cette nouvelle publication sera supérieure à la première.

Mon honneur et mon intérêt me font d'ailleurs un devoir d'y donner tous mes soins.

Léo DROUYN.

ON S'ABONNE :

Chez l'Auteur, rue *Sainte-Sophie*, 30, ou chez M. Laforesterie, libraire, rue *Porte-Dijeaux*, 45.

Bordeaux, Imprimerie de G.-M. de MOULINS, rue Montméjan, 7.

ALBUM DE LA GRANDE-SAUVE.

AVIS POUR LE RELIEUR.

Pages 1 et 2, le frontispice.
— 3, 4, 5 et 6, Coup-d'œil hist.
— 7, Introduction.
— 8, Planche I.
— 9, blanche.
— 10, Planche II.
— 11, blanche.
— 12, Planche III.
— 13, Cette construction...
— 14, Planche IV.
— 15, blanche.
— 16, Planche V.
— 17, Les lignes monotones...
— 18, Planche VI.
— 19, Deux modillons mutilés...
— 20, Planche VII.
— 21, L'absidiole méridionale...
— 22, Planche VIII.
— 23, lorsqu'au commencem...

Page 24, Planche IX.
— 25, détruit on ne peut...
— 26, Planche X.
— 27, Le collatéral du sud...
— 28, Planche XI.
— 29, § II. Absidioles méridion.
— 30, Planche XII.
— 31, de deux lions bi-corporés...
— 32, Planche XIII.
— 33, animaux tiennent...
— 34, Quant à l'époque...
— 35, *IV. Saint Barthélemy.*
— 36, Aperçu sur l'église, etc.
— 37, § II. Intérieur.
— 38, Planches XIV et XV.
— 39, son corps se termine...
— 40, Planche XVI.
— 41, ...gement drapé...
— 42, Épilogue.

Nota. — Le relieur doit observer que chaque gravure, portant un numéro correspondant au texte, doit être tournée en regard du verso où se retrouve le même numéro.

Bordeaux, imprimerie de G.-M. DE MOULASY, rue Montmejan, 7.

ALBUM DE LA GRANDE-SAUVE.

AVIS POUR LE RELIEUR.

Pages 1 et 2, le frontispice.
— 3, 4, 5 et 6, Coup-d'œil historique.
— 7, Introduction.
— 8, Planche I.
— 9, blanche.
— 10, Planche II.
— 11, blanche.
— 12, Planche III.
— 13, Cette construction...
— 14, Planche IV.
— 15, blanche.
— 16, Planche V.
— 17, Les liens monstrueux.
— 18, Planche VI.
— 19, Ils se marchèrent-publics.
— 20, Planche VII.
— 21, Absidiole méridionale.
— 22, Planche VIII.
— 23, Interposition commune en...

Page 24, Planche IX.
— 25, dessus ou ne peut...
— 26, Planche X.
— 27, Le collatéral du sud...
— 28, Planche XI.
— 29, § II Absidioles méridion.
— 30, Planche XII.
— 31, de deux lions découverts.
— 32, Planche XIII.
— 33, animaux tiraient.
— 34, Quant à l'époque...
— 35, Saint Barthélemy.
— 36, Aperçu sur l'église, etc.
— 37, § II, Intérieur.
— 38, Planches XIV et XV.
— 39, son corps se termine.
— 40, Planche XVI.
— 41, ...gement drapé.
— 42, Épilogue.

Nota. — Le relieur doit observer que chaque gravure, portant un numéro correspondant au texte, doit être tournée en regard du texte où se retrouve le même numéro.

ALBUM
DE
LA GRANDE-SAUVE

DESSINÉ ET GRAVÉ A L'EAU-FORTE

PAR

LÉO DROUYN

Membre de l'Académie des Sciences, Belles-Lettres et Arts de Bordeaux; Inspecteur, pour la Société française, des Monuments historiques de la Gironde; Professeur de Dessin au Collége de la Sauve.

Domine dilexi decorem domûs tuæ.....
(Ps. 25, v. 8.)

---~o0o~---

BORDEAUX,
TYPOGRAPHIE DE G.-M. DE MOULINS, RUE MONTMÉJAN, N° 7.

1851
1866.

COUP-D'ŒIL HISTORIQUE

SUR

L'ABBAYE DE NOTRE-DAME DE LA GRANDE-SAUVE.

Le célèbre monastère de la Grande-Sauve, dont les belles ruines arrêtent les regards du voyageur, et étonnent celui qui les étudie avec attention, fut fondé vers la fin du onzième siècle, par saint Gérard.

Né à Corbie, près d'Amiens, Gérard fut dès son jeune âge habitué à la pratique de la vie religieuse. Sa piété et ses talents l'élevèrent aux premières dignités de son ordre; mais ne soupirant qu'après l'humilité et la pénitence, Gérard sortit de son monastère à l'exemple des premiers Pères du désert, et vint renouveler leur vie pénitente dans la vaste forêt de l'Aquitaine, appelée la Sauve-Majeure (*Sylva Major*). A la même époque à peu près, Bruno, conduit par une pensée semblable, s'enfonçait dans les bois de la Grande-Chartreuse.

Au milieu de la forêt de la Sauve se trouvait un oratoire consacré à Marie. Gérard s'y arrêta quelques jours pour y implorer les lumières du Ciel. La volonté de Dieu s'étant manifestée par un prodige, le saint posa la première pierre de son monastère dans cet endroit. C'était le onzième de Mai 1080; Josselin était alors archevêque de Bordeaux, et Guillaume VII était duc d'Aquitaine. Le saint fondateur et ses premiers compagnons placèrent le nouvel établissement sous la protection de la mère de Dieu; de là son titre d'*Abbaye de Notre-Dame de la Grande-Sauve*.

Grâce au secours du Ciel, le monastère prit de rapides accroissements. A la mort de Gérard, c'est-à-dire, seize ans depuis sa fondation, on voyait ses religieux répandus non-seulement en France, mais encore en Angleterre et en Espagne; d'illustres seigneurs d'Aquitaine avaient pris l'habit monastique, sous la direction du saint abbé, et les habitants de l'*Entre-deux-Mers* s'étaient pressés autour de l'Abbaye pour vivre sous sa paternelle administration. Ainsi se forma le bourg de la Sauve, qui, sous les successeurs de Gérard, prit une extension considérable.

Protégée par le clergé et par la noblesse, vénérée des peuples qui l'entouraient, l'Abbaye, sous les successeurs du saint, continua et étendit son action bienfaisante. Nous voyons les papes Alexandre III, Luce III, Innocent III, Calixte II, l'enrichir de nombreux priviléges. Célestin III les confirma et les sanctionna par la bulle de canonisation de saint Gérard.

Un grand nombre de prélats comblèrent le monastère de leurs faveurs. A la tête de tous, nommons les archevêques de Bordeaux. Heureux de voir dans leur diocèse une institution si belle et si sainte, ces pieux pasteurs donnèrent toujours à l'Abbaye les témoignages les plus grands de leur protection, défendant chaleureusement ses droits dans les conciles et dans les synodes. Jaloux d'imiter les pontifes bordelais, les évêques d'Agen, de Périgueux, de Rheims, d'Orléans, de Mons (Belgique), contribuèrent aussi à la prospérité du monastère par leur faveur et par leurs donations. Les évêques anglais et espagnols ne restèrent point en retard.

L'exemple du clergé fut suivi par les rois et par les princes. Animés des sentiments de foi qui étaient comme la vie du corps social à cette époque, ils voulurent aider le développement extérieur de l'Abbaye, afin d'avoir une part plus grande à ses prières. Parmi ces noms glorieux, l'histoire a conservé ceux des rois de France, Philippe Ier, Louis-le-Jeune, Philippe VI de Valois, Louis XI. Un abbé de la Sauve vint s'asseoir dans le conseil de Charles, frère de Louis XI. Mais ceux qui, par leurs bienfaits signalés, augmentèrent le plus la puissance temporelle de la Sauve furent les princes anglais. La Guienne, qui resta si longtemps au pouvoir des rois d'Angleterre, n'eut que des actions de grâces à rendre à Dieu pour la protection dont ses nouveaux maîtres entourèrent l'Abbaye.

En effet, on 1155, Henri II signa, en présence de nombreux vassaux, la confirmation des priviléges accordés à la congrégation; au bas de l'acte, on lit la signature de saint Thomas de Cantorbéry, chancelier d'Angleterre, plus tard réfugié en France, où l'exil du confesseur de la Foi prépara à recevoir la couronne du martyre. Un peu plus tard, une sauvegarde écrite circulait dans la Guienne tout entière; c'était la lettre d'Éléonore d'Angleterre qui, ramenée par de longs revers à une vie plus sage, recommandait à ses vassaux la défense de l'Abbaye. Après ces souverains, et à leur exemple, Richard-Cœur-de-Lion, Henri III et Édouard (le Prince-Noir), gouverneur de l'Aquitaine pour le roi son père, augmentèrent les possessions de la Grande-Sauve et réparèrent les torts qu'elle avait soufferts.

En Espagne, Alphonse II, roi d'Aragon, dès les premières années de son avènement au trône, fait présent du château d'Alcola aux religieux de la Sauve établis à Exéa. C'est de cette forteresse que ces pieux bénédictins, semblables à des guerriers pleins d'ardeur, s'élançaient à la conversion des Maures. Plus tard, lorsqu'Alphonse-le-Batailleur eut chassé les Musulmans de Grenade et d'Exéa, deux mosquées de cette dernière ville furent cédées par le vainqueur aux enfants de la Sauve. Le prince, redevable de sa victoire aux prières de Gérard glorifié dans les cieux, vint ensuite à l'Abbaye avec ses chevaliers pour acquitter son tribut de reconnaissance au tombeau même du saint.

Les ducs et seigneurs d'Aquitaine se firent honneur de suivre ces exemples de généreuse protection envers l'Abbaye. Qu'il nous suffise de nommer les ducs Guillaume VII et saint Guillaume IX.

Enfin, pour tout dire en un mot, la Sauve réalisa bientôt la parole de Gérard mourant : « *Gardez le dépôt que je vous ai confié.* » Le grain de sénevé jeté en terre était devenu un grand arbre dont les rameaux s'étendaient au loin. Qu'on lise la bulle du pape Célestin III, où les possessions de l'Abbaye sont énumérées. On y verra que le monastère avait dans le seul diocèse de Bordeaux vingt-un prieurés, et que dans le reste du monde catholique il en comptait au moins soixante autres, sans parler d'un grand nombre d'églises et de biens territoriaux. Et cependant, un siècle au plus s'était écoulé depuis la mort de saint Gérard. Sous les premiers abbés, les constructions intérieures s'étaient augmentées, et sous le glorieux gouvernement de Grimoald l'église abbatiale fut terminée et solennellement consacrée.

Toutefois en s'agrandissant au dehors, l'Abbaye n'oubliait pas qu'elle était fondée pour travailler au bonheur des peuples : ses richesses furent employées à l'extension du culte catholique et dans les œuvres de la charité chrétienne. Les plaines et les forêts de l'Entre-deux-Mers se virent peuplées d'églises romanes dont les restes font encore l'admiration des archéologues. Autour d'elles et des prieurés se groupèrent des villages où les pauvres trouvaient toujours auprès des religieux le soutien nécessaire à leur existence. L'exemple et les paroles des disciples de saint Benoît prêchaient la paix et le travail aux habitants de l'Aquitaine. Eux-mêmes, à l'exemple de Gérard (1), consacrèrent au défrichement des terres les loisirs que leur laissaient la prière et l'étude.

La renommée du bien qu'opérait l'Abbaye lui attira souvent la visite des hommes les plus célèbres du temps; plusieurs chevaliers quittèrent les armes pour revêtir l'habit de saint Benoît. Tels furent le chevalier de La Cauzène, Bernard de Rions, Arsin de Cabanac, Pons de Pomiers. Une foule d'autres seigneurs briguèrent l'honneur de se faire ensevelir dans l'enceinte de l'Abbaye.

Au milieu de ses richesses et de sa gloire extérieure, l'Abbaye de la Grande-Sauve sut se maintenir dans la régularité religieuse. Ses abbés, par de sages règlements, rappelaient sans cesse aux enfants de Gérard le but de leur institution. On ne peut lire sans admiration les Statuts que publia Pierre d'Amboise, septième abbé. Les minutieuses prescriptions dans lesquelles entre le pieux législateur montrent assez avec quel zèle les supérieurs de l'ordre devaient veiller à la sainteté de leurs religieux. Ne soyons plus étonnés si nous voyons un moine de la Sauve à la tête du monastère de Verteuil, quoique ses religieux ne suivissent pas la règle de saint Benoît, mais celle de saint Augustin.

La vie du religieux ne lui appartient pas : animé d'une charité ardente, il court, il vole au secours de ses frères. Si quelque contagion ravageait l'Aquitaine, les cénobites de la Sauve, sans craindre la mort, allaient secourir les malheureuses victimes. Les lépreux, ces hommes rejetés de la société tout entière, trouvent à l'Abbaye un refuge et des soins; des hôpitaux leur furent ouverts dans les dépendances du monastère; les pestiférés virent à leur lit de mort les enfants de Gérard, pieux imitateurs de la charité de leur père. En vain les guerres qui ravageaient l'Aquitaine firent subir à l'Abbaye des pertes considérables, et forcèrent même les religieux de quitter leur pieuse retraite; fidèles disciples de Jésus-Christ, ils rendirent le bien pour le mal, et étendirent leur influence bienfaisante dans les contrées éloignées qui leur avaient donné asile pendant la persécution. Eux-mêmes, à leur tour, ouvrirent leurs murs aux illustres confesseurs, victimes de la persécution d'Henri VIII. Les pauvres, dont le nombre était fort considérable à la Sauve, trouvèrent dans la charité de l'Abbaye un trésor inépuisable, même dans le temps où elle était la moins florissante. « La paroisse de la Sauve est si pauvre, dit un manuscrit de cette époque (1600) que, pen-
» dant huit ou neuf mois de l'année, il faut nourrir presque tous les habitants, et il est de notoriété publique que, pendant
» tout ce temps, on donne tous les jours l'aumône à quatre ou cinq cents pauvres qui se mourraient de faim sans cette au-
» mône. »

Leur zèle pour la gloire du nom de Jésus-Christ se manifesta dans le mouvement des croisades et dans la lutte contre les hérésies. Il ne leur était pas permis de prendre les armes, mais leur prédication multiplia les Croisés, excita leur ardeur; leurs aumônes contribuèrent à leur équipement. Aucun de ces pieux guerriers ne partait de la Sauve sans avoir reçu quelque présent de l'Abbé, ainsi que le portent les *cartulaires*. A sa voix, un ordre religieux militaire prit naissance; il se répandit dans l'Aquitaine pour défendre la justice, réprimer les crimes et servir de barrière contre l'hérésie des Albigeois. Déjà sous saint Gérard un autre ordre militaire s'était formé pour la défense de l'Abbaye; Othon, neveu du duc de Guienne, en fut le premier commandeur. Entre les mains du saint Abbé, ces pieux chevaliers jurèrent fidélité aux religieux et s'engagèrent à protéger les pèlerins de Notre-Dame. De leur côté, les religieux de la Sauve luttaient par la prédication, en Espagne, contre les Maures, en France, contre les Albigeois et d'autres hérétiques qui faisaient surtout sentir leur funeste influence dans le diocèse de Périgueux.

Tout ce que nous venons de dire doit s'entendre de ce que nous appelons l'ère prospère de l'Abbaye : elle comprend une épo-

---

(1) La tradition porte que Gérard abattit un grand nombre de chênes en les frappant avec un simple morceau de fer que l'on conserva depuis parmi les reliques de l'Abbaye ; il est connu sous le nom de *couteau de saint Gérard*.

que de deux cent cinquante ans environ. Durant cette période, toujours à la tête des grandes choses, pleine de zèle pour la pratique du bien, l'Abbaye remplit la mission que, de la part de Dieu, lui avait indiquée son saint fondateur.

Mais cette prospérité et ce bonheur, que nous avons vu régner sur la Sauve, ne durèrent pas toujours. Cette lumière qui avait répandu une si vive clarté sur l'Aquitaine, perdit son éclat et ne projeta plus qu'une faible lueur. Plusieurs causes contribuèrent peut-être à produire cette triste décadence, mais la principale doit être cherchée dans les guerres et les révolutions politiques qui vinrent troubler la paix du cloître, et en chassèrent les pieux cénobites. « Presque toujours, dit M. Cirot de la
» Ville, sa génération a créé les dangers où le moine est venu se perdre. On le chassait de sa retraite, lui qui ne s'y était ré-
» fugié que parce qu'il avait senti sa faiblesse contre l'entraînement du monde, on le rejetait avec violence sur une mer ora-
» geuse, lui qui avait résolu de ne jamais tenter de navigation pour ne pas s'exposer au naufrage. Convient-il bien à ceux qui
» avaient brisé ses ancres de venir applaudir au malheur de sa barque échouée sur les écueils? »

Selon le même auteur, « une autre cause non moins puissante de la chute de cette belle fondation ecclésiastique fut l'institu-
» tion des Abbés commendataires ; ces abbés touchaient les revenus temporels de l'Abbaye, mais laissaient l'administration spi-
» rituelle à un prieur claustral. Par là, la Sauve fut privée de cette force que donne à une société un chef toujours présent au
» milieu de ses membres. Cependant si ces abbés furent une des causes de décadence, tous ne négligèrent pas entièrement la
» gloire de l'Abbaye, et ce qu'ils ne firent pas pour elle, doit être plus imputé à la position que leur titre leur faisait qu'à un
» défaut de zèle. Tous manifestèrent leurs sentiments à cet égard par des actes édifiants et des sacrifices nombreux. »

Ainsi que la ferveur religieuse, le matériel dépérissait tous les jours. Une partie du monastère était en ruines, un grand nombre de ses prieurés et de ses dépendances passaient en des mains étrangères. Pour s'opposer à tant de désastres et maintenir la régularité monastique, d'importantes réformes spirituelles furent opérées. En 1593, l'Abbaye s'unit aux Bénédictins-Exempts ; plus tard elle partage les œuvres de zèle et les œuvres scientifiques de la congrégation de Saint-Maur, en s'alliant à elle.

Le matériel de l'Abbaye se releva par moments. Ainsi dans les commencements du seizième siècle les voûtes d'une partie de l'église furent reconstruites ; des fortifications, dont on ne retrouve plus aujourd'hui de traces, furent élevées pour défendre le monastère des ravages de la guerre ; la ville de Créon, qui devait sa fondation et son agrandissement à la prospérité des religieux, fut reconnue comme dépendance de la Sauve. Ce fut le dernier éclat dont brilla l'Abbaye. La révolution de 1793 dispersa les moines, l'asile de la prière fut transformée en prison d'État. Quelque temps après, tombant entre des mains mercenaires et avares, elle fut réduite à ce triste état où nous la voyions il y a quelques années. Aujourd'hui elle semble se relever de ses ruines.

Telle est l'histoire de la Grande-Sauve ; depuis la mort de son saint fondateur jusqu'au moment de sa destruction, cinquante-sept abbés la gouvernèrent. Les actes du couvent ont raconté plusieurs avec de grands éloges ; un des plus illustres est sans contredit Grimoald, treizième abbé, évêque de Comminges, que l'on vit un instant administrer le diocèse de Bordeaux. Les trois derniers abbés de la Sauve-Majeure sont illustres plutôt par leurs noms que par l'importance de leurs œuvres ; ce sont : Dominique de Larochefoucauld, Gilbert de May et Charles de Broglie.

Les bornes étroites d'un simple aperçu ne nous ont pas permis d'entrer dans de plus amples détails qui n'auraient pas été sans quelque intérêt. L'historien de la Grande-Sauve, dont nous avons cité les paroles dans cette notice, et dont le savant ouvrage nous a été si utile, satisfera pleinement ceux qui voudraient connaître plus à fond l'histoire de notre illustre Abbaye. Puissent ces quelques lignes plaire aux cœurs pieux, puissent-elles même dissiper les préjugés des esprits prévenus contre les ordres monastiques. Nous en avons assez dit pour montrer que la vie du religieux n'est pas une vie inutile, mais au contraire une vie tout employée à la gloire de Dieu et au bien des populations. L'Abbaye fut riche, mais elle fit de ses richesses l'usage le plus noble ; elle bâtit des églises, éleva des hôpitaux, donna du pain aux pauvres, favorisa les saintes entreprises. La mémoire de ces bienfaits sera toujours conservée, et si les hommes refusent de rendre gloire à l'héroïsme des religieux, Dieu saura bien les dédommager par des couronnes éternelles.

***

6

INTRODUCTION.

Ce que j'écris n'est pas une monographie ; ce n'est pas non plus un simple aperçu.

Je ferai en sorte que les archéologues reconnaissent le monument, sa date et son mode de construction, et que ceux qui ne le sont pas s'instruisent sans trop s'ennuyer.

J'ai étudié le monument détails par détails, je tâcherai de le décrire par masses.

Ceux qui auront le courage de me lire comprendront mieux mes dessins, et ceux qui savent *lire* les gravures pourront se dispenser du texte, celui-ci n'étant que la copie écrite de celles-là.

J'aurais pu ne donner qu'un dessin, comme il m'était facile d'en donner vingt.

Je me suis arrêté à treize pour l'Abbaye, et à trois pour l'église de Saint-Pierre de la Sauve : ce sont donc seize gravures qui seront, je crois, suffisantes pour faire bien comprendre ces deux magnifiques spécimens d'une architecture qu'on a osé, pendant trois siècles, traiter de barbare, et contre laquelle existent encore de violents préjugés.

En face de la gravure se trouvera le texte, ce qui en rendra l'étude plus facile.

Si je réussis, la beauté du sujet y sera pour beaucoup. Si mon œuvre passe inaperçue, c'est que j'aurai entrepris un travail au-dessus de mes forces. J'y emploierai tout ce que Dieu m'a donné d'intelligence, de talent et de volonté.

Août 1851.

Léo DROUYN.

PLANCHE I.

VUE GÉNÉRALE DE LA SAUVE

(Prise du chemin de Blésignac.)

Peu de temps après sa fondation, le bourg de la Sauve, placé sous l'égide et à l'ombre des vertus des disciples de saint Gérard, devint une ville florissante, divisée en deux bourgs qui prirent, de leur église respective, les noms de Saint-Pierre et de Saint-Jean.

Cet état de choses subsista de 1130 jusqu'en 1340.

Depuis cette époque la Sauve n'a fait que décroître, et aujourd'hui ce n'est plus qu'un bourg qui n'a pas mille habitants.

Çà et là des restes de murailles, que le laboureur découvre en traçant ses sillons, donnent une idée de son ancienne étendue.

A partir de l'église Saint-Pierre, tristement isolée sur le coteau qui termine l'horizon à l'ouest, le bourg s'étend jusqu'au fond de la vallée, monte sous les ruines imposantes de l'Abbaye qu'il laisse au sud, et redescend la côte opposée assez loin sur la route de Brannes.

De ce côté, rien n'est riant comme ces maisons blanches isolées, ou s'étendant par groupes au milieu des jardins et des champs soigneusement cultivés; mais aussi rien ne porte plus à la mélancolie que ces immenses ruines qui dominent le paysage, et c'est ce contraste de la grandeur déchue et du bien-être actuel qui rend ce point de vue si intéressant.

Vue générale de LA GRANDE-SAUVE, du dessin de Blanquet.

PLANCHE II.

VUE GÉNÉRALE DU COLLÉGE

(Prise de la route de Langoiran.)

Vue de la route de Langoiran, l'Abbaye prend un caractère tout particulier.

Deux immenses façades, l'une tournée vers le sud et l'autre vers l'ouest, cachent totalement l'église; et si le clocher ne dominait le bâtiment, on ne se douterait pas que derrière ces longues lignes unies est une des plus riches et des plus belles constructions de la province.

Pendant la première révolution, l'Abbaye fut convertie en prison pour le district de Cadillac. En 1837, Monseigneur Donnet, Archevêque actuel de Bordeaux, fit l'acquisition des ruines et de ce qui restait debout du vieux monument; il construisit l'aile du sud, le quartier des classes, une partie du prolongement de la façade du nord et y fonda un collége dirigé par des prêtres séculiers.

Sa Grandeur y a appelé depuis deux ans les RR. PP. de la Compagnie de Jésus. Grâce à une éducation toute chrétienne, à une instruction solide et à une discipline sévère, cet établissement doit nécessairement prospérer de plus en plus chaque année.

Vue générale du collège de la Grande-Sauve
prise de la route de Bordeaux.

11

PLANCHE III.

VUE DE L'ABBAYE ET DU COLLÉGE

(Prise de la rue Saint-Pierre.)

C'est du cimetière de l'église de Saint-Pierre que l'Abbaye prend l'aspect le plus imposant. Placée sur un promontoire, elle domine les habitations du village qui s'étend dans la vallée et sur le versant du coteau.

Vues de ce point, les ruines colorées de l'église s'harmonisent toujours avec le ciel, tandis que les longues lignes plus claires du collége contrastent agréablement avec la verdure des arbres du vallon.

Ce vaste bâtiment, qui s'élève sur de plus anciennes constructions, a été fondé à la fin du dix-septième siècle. Une pierre, trouvée dernièrement en creusant de nouvelles fondations, porte cette inscription :

```
          + R +
           O
          P D LA
          P R A D E
                ANI
        PRI.⸱ 1693.
```

Le rond qui se trouve au-dessous de la première croix est une médaille ou croix de saint Benoît. (*Mag. pitt.*, vol. IX, p. 92.)

Le style de l'architecture de la partie la plus ancienne est bien de cette époque. Cette partie comprend les six fenêtres de droite.

Les trois fenêtres du milieu ont été bâties du temps de l'ancien collége; et enfin, les six qui terminent cette longue façade près de l'église viennent d'être construites dans le courant de cette année. L'architecte, M. Perrier, a copié exactement le style de la première époque.

Voici l'inscription de la première pierre placée à cette occasion :

```
       HUNC. PRIM.   △   LAPIDEM.
       IMM. V. MARIA. AD. SILV. MAI.
                NECNON. ET.
         S. IOSEPH. ET. B. P. IGNATIO.
                AUSPICIBVS.
          PATRES. SOCIETAT. IESU.
                 POSUERE.
          IN FEST. ANNUNT. MDCCCLI.
```

Les trois ronds au bas du triangle sont trois médailles de la Sainte Vierge immaculée, de saint Joseph et de saint Ignace.

Vue de l'abbaye et du collège de la Grande-Sauve

Cette construction permet de loger une cinquantaine d'élèves de plus, et les nombreuses demandes d'admission que le P. Recteur reçoit tous les jours font espérer qu'on sera encore obligé d'allonger cette façade du côté du sud.

PLAN DE L'ABBAYE (*réduit à 1 millim. pour 1 mètre*).

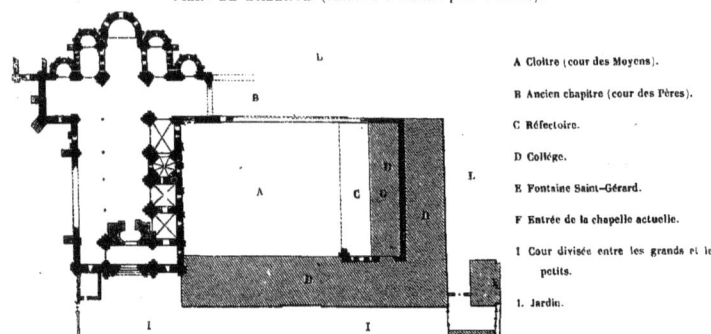

A Cloître (cour des Moyens).
B Ancien chapitre (cour des Pères).
C Réfectoire.
D Collège.
E Fontaine Saint-Gérard.
F Entrée de la chapelle actuelle.
I Cour divisée entre les grands et les petits.
1. Jardin.

Le plan de l'église est formé d'une large nef composée de cinq travées et de deux bas-côtés plus étroits, dont les travées correspondent à celles de la nef, de deux transepts à chevet droit et de cinq absides semi-circulaires.

La plus grande termine la nef à l'orient. Deux autres absides plus courtes terminent les bas-côtés, et chaque transept a une petite absidiole orientale. Les trois premières ont chœur et sanctuaire. Les dernières n'ont que le sanctuaire. Elles inclinent un peu du côté du nord, à partir de l'arc triomphal. (Traduction du passage de saint Jean : *Et inclinato capite, tradidit spiritum.* xix. 30.)

Le clocher s'élève sur la quatrième travée du collatéral sud.

Longueur totale de l'église dans œuvre			63ᵐ 50ᶜ
Largeur totale	—	à l'extrémité ouest	25ᵐ 25ᶜ
		à l'extrémité est	24ᵐ 90ᶜ
Largeur de l'abside	—		14ᵐ 15ᶜ
Longueur des transepts	—		41ᵐ 60ᶜ
Largeur des transepts	—	celui du nord	10ᵐ 10ᶜ
		celui du sud	9ᵐ 20ᶜ
Largeur de la grande nef	—		12ᵐ 50ᶜ
Largeur des bas-côtés	—	celui du nord	6ᵐ 25ᶜ
		celui du sud	6ᵐ 50ᶜ

Au sud de l'église s'étend le cloître, long de 44ᵐ et large de 34ᵐ 50ᶜ ; au sud du cloître, l'ancien réfectoire qui avait 34ᵐ 50ᶜ de long sur 14ᵐ 20ᶜ de large.

Le collège enveloppe le cloître à l'ouest et au sud.

Sur l'emplacement de la cour des Pères, à l'est du cloître, étaient autrefois le chapitre et les dortoirs du couvent. A l'est des absidioles septentrionales, les restes d'une vaste salle. C'était peut-être une dépendance du cloître des novices. (*Voyez* l'abbé Cirot, tom. ii, p. 329.)

Un immense jardin, entouré de murs, s'étend au sud-est des bâtiments du collège.

PLANCHE IV.

FAÇADE DE L'ÉGLISE NOTRE-DAME.

Il reste très-peu de chose de la façade. La partie supérieure est détruite, et devait être très-remarquable, si l'on en juge par le soubassement.

La porte était accotée de deux portes feintes suivies de deux pans unis. Ces derniers bornaient, à l'ouest, les deux bas-côtés qui se trouvaient ainsi sans ouvertures. Aux angles étaient des contre-forts plats à plusieurs redans. Ceux du nord-ouest sont épannelés en gorge sur leur partie saillante jusqu'à la hauteur de 2ᵐ 60ᵉ environ. Dans le haut de ces gorges sont sculptés des personnages et des animaux : ici c'est un homme contourné ; là un chien assez bien sculpté, mais dont la tête a été mutilée ; plus loin un animal très-frustre ; et enfin un homme barbu, bouffi, obèse, qui se tient l'abdomen avec ses deux mains.

La grande porte s'ouvrait sous quatre arcades en retrait retombant sur des colonnes. Un cinquième arc, le plus petit, n'avait pas de colonnes, mais il était couvert de deux chevrons à partir du sol.

Les portes feintes avaient deux arcades. La plus grande était sur l'alignement de la plus évasée du portail principal. Une double colonne supportait ces deux arcades. La plus petite reposait sur une colonne.

Aux extrémités de ces deux portes feintes, une grosse colonne sans chapiteau, mais couronnée d'un cordon et surmontée d'un pilastre, servait de contre-fort à l'arcade intérieure qui séparait la nef des collatéraux.

Deux avant-corps avaient été bâtis au treizième siècle sur les pans unis de la façade. Je ne sais quel était leur destination.

Les bases sont avec ou sans pattes sur les angles. Les cordons sont ornés d'entrelacs ou d'enroulements. Un seul chapiteau subsiste à la porte feinte du nord ; il est très-remarquable par ses entrelacs en forme de fleurs-de-lis. C'est celui qui se trouve dans ma gravure. A côté, un saint Michel terrassant le diable.

De toute cette magnifique façade qui subsistait dans son entier il y a trente ans, et dont quelques habitants de la Sauve m'ont fait des descriptions féeriques, mais trop variées, le hasard a voulu que les démolisseurs ne respectassent que l'ange des combats et le symbole de la pureté et de l'innocence, près desquels il fallait passer pour entrer dans le temple.

Reste de la façade de l'église Notre-Dame de la Grande-Sauve.

PLANCHE V.

ABBAYE DE LA SAUVE

(Vue de la route de Bordeaux.)

Flanc nord. — Tel qu'il est, le flanc nord offre assez peu d'intérêt à l'archéologue.

La première travée est cachée en partie par une maison moderne; la deuxième et la troisième sont presque entièrement détruites; de la quatrième il ne reste qu'un fragment; la cinquième est soutenue par trois contre-forts : un d'eux est du quinzième siècle, le suivant, peu saillant, est roman; sa partie supérieure est ornée d'un lion *bi-corpore*. (Animal à une tête sur deux corps : cet ornement est employé aux onzième et douzième siècles, surtout à l'angle des chapiteaux.) Le troisième contre-fort du treizième siècle bouche à moitié la fenêtre.

Une corniche simple sur modillons frustes couronne le mur.

La fenêtre romane, large et haute, a pour arcade des tores encadrés d'une archivolte formée d'entrelacs. Cette arcade repose, de chaque côté, sur une colonnette. La seule visible, celle de l'ouest, est couronnée par un élégant chapiteau formé de pommes de pin dans des entrelacs détachés de la corbeille. Le tailloir est couvert de roues à six rayons.

Le transept fait une saillie de dix mètres environ. Sa face occidentale est toute romane. Une portion de la partie supérieure, qui existe encore, fait voir qu'il était couronné par une corniche sur modillons assez ornés.

La fenêtre romane ressemble beaucoup à celle que je viens de décrire. Les chapiteaux seuls diffèrent : sur l'un, deux personnages, à demi renversés, tiennent dans les mains des rameaux ou des boules et ont une jambe dévorée par une tête monstrueuse placée à l'angle du chapiteau; sur l'autre, deux lions dévorent les jambes d'un personnage renversé de manière à ce que la tête seule touche le sol.

Un énorme contre-fort du seizième siècle empâte l'angle nord-ouest du transept.

La face septentrionale est romane dans le bas percé plus tard, au commencement du treizième siècle, d'une porte ogivale qui servait peut-être de passage pour aller de l'Abbaye à l'église Saint-Jean bâtie sur l'emplacement de la halle actuelle. (*Histoire de la Grande-Sauve*, par l'abbé Cirot, vol. II, p. 360.) Cette porte murée a été en partie masquée au seizième siècle par un contre-fort peu élevé.

Le haut du mur, refait à la dernière époque ogivale, est percé d'une grande fenêtre flamboyante, à trois meneaux, d'un galbe assez incorrect.

Sur le contre-fort plat de l'angle nord-est, s'applique le mur de la salle dont j'ai parlé en décrivant le plan. Ce mur qui s'avance au nord, est percé d'une fenêtre actuellement murée, ogivale en dehors et en cintre surbaissé en dedans. Il est terminé par des contre-forts plats. Je le crois du treizième siècle.

Le flanc sud de l'église est la partie la moins conservée, et cependant c'est celle qui offre le point de vue le plus pittoresque; il frappe le premier les regards du touriste qui arrive par la route de Bordeaux. Tout concourt ici à la beauté du site. Des saules couvrent le devant du tableau, leurs rameaux flexibles, et leurs feuilles peu touffues permettent de voir les premières maisons si vieilles et si recherchées des dessinateurs.

ABBAYE DE LA SAUVE VUE DE LA ROUTE DE BORDEAUX

Les lignes monotones du Collége se voient en perspective, tandis que le clocher placé au milieu du tableau au-dessus des grands arcs de la nef, attire les regards par sa masse imposante et gracieuse.

Peu de points de vue sont aussi séduisants que celui-ci.

Ce côté de l'église est le plus rapproché du bourg; c'est aussi celui qui a le plus souffert. L'avarice, oublieuse des services passés, et le vandalisme, ignorant et stupide, se sont alliés pour détruire ce que l'histoire, le temps et l'art avaient rendu respectable.

PLANCHE VI.

ABSIDES DE L'ÉGLISE NOTRE-DAME.

§ I. ABSIDES SEPTENTRIONALES.

Comme nous l'avons dit, cinq absides s'avancent à l'orient : une principale en face de la nef; une en face de chaque collatéral, et une pour chaque transept.

Trois sont assez bien conservées : la grande et les deux septentrionales.

La planche VI représente ces deux dernières, une portion de la principale et le mur du transept qui s'élève au-dessus des deux absidioles. Il est percé de deux fenêtres en plein-cintre sans aucun ornement. Une partie du parement extérieur a été enlevée.

Les trois absides se ressemblaient par leurs caractères architectoniques, mais elles diffèrent par la grandeur et par les détails.

Celle du nord forme une saillie semi-circulaire sur le mur du transept. Elle est divisée en cinq compartiments verticaux par trois contre-forts plats, élevés sur un petit soubassement qui fait le tour de l'abside; ils montent jusqu'à la corniche. Les modillons sont ornés de têtes d'hommes ou d'animaux, de feuilles d'acanthe, de pom-

mes de pin. Il y a surtout une tête d'animal à dents aiguës, de la gueule duquel sortent des enroulements, et une tête de loup mordant un bâton passé en travers dans sa gueule; il tient le bâton avec ses deux pattes. Ces deux modillons se retrouvent fréquemment dans nos monuments de la Gironde.

Des fenêtres actuellement murées s'ouvraient entre les contre-forts, souvent elles ont été remaniées; on voit cependant, par le reste des cintres, que les primitives étaient étroites, courtes et en plein-cintre.

Un mur plus moderne empêche de voir le cinquième compartiment; il cache aussi une partie du chœur de l'absidiole du collatéral.

Celle-ci plus saillante que la première, est formée de deux parties : le chœur et le sanctuaire.

Deux fenêtres éclairaient le chœur; une d'elles est couverte par le mur plus moderne dont je viens de parler, l'autre, visible à l'extérieur, est cachée dans la gravure par la saillie du contre-fort. Toutes deux sont étroites en dehors, très-ébrasées en dedans, haute de quatre assises avec un cintre taillé dans une seule pierre.

Dans le bas, entre les deux fenêtres, s'ouvrait une large porte en plein-cintre actuellement murée. Elle était assujettie intérieurement par une *sarrasine* ou barre transversale glissant dans des trous profonds pratiqués aux parois des pieds-droits.

L'exemple de portes ainsi placées est, je crois, fort rare.

Un contre-fort plus moderne, du treizième siècle peut-être, empâte le contre-fort roman qui sépare le chœur du rond-point. Celui-ci est semi-circulaire, à trois compartiments verticaux séparés par une colonne à demi engagée. Un seul chapiteau existe, il est orné de pommes de pin.

Les fenêtres ont été remaniées. Une seule est ancienne, elle ressemble à celle du chœur.

VUE DES ABSIDIOLES NORD DE L'ÉGLISE DE NÔTRE-DAME DE LA-GRANDE-SAUVE.

Deux modillons mutilés soutiennent un reste de corniche; ils devaient être fort intéressants si l'on en juge par ceux du chœur. Là sont quatre modillons d'un dessin remarquable : d'abord c'est une tête d'animal, des entrelacs sortent de sa gueule; puis un homme enlacé dans des feuillages. (Voyez *Détails de la Grande-Sauvé*, dans les *Types de l'Architecture au moyen-âge dans la Gironde*, par Léo DROUYN.) Le quatrième est une tête effrayante à dents aiguës. Elle dévore les jambes d'un personnage renversé, qui, avec ses deux mains, fait de grands efforts pour empêcher la mâchoire inférieure du monstre de se fermer. Le troisième est  un personnage nu, contourné de manière à ce que ses pieds, qu'il tient dans ses deux mains, viennent s'appuyer sur ses épaules.

Pendant que je dessinais ce site (23 *Juin* 1851), un oiseau, peu effrayé des figures horribles qui grimacent sur les modillons, avait fait son nid sur le dos de ce personnage; un jeune cerisier qui a pris racine sur le contre-fort était chargé de fruits mûrs; un pied de lierre tapissait la muraille grise, et des œillets sauvages balançaient gracieusement leurs fleurs blanches et roses sur les voûtes découvertes. Tous ces contrastes réunis donnaient à ce pan de mur ruiné une poésie indéfinissable.

Combien ce monument perdra de son charme si le projet de la Commission des monuments historiques est mis à exécution! Qu'elle compare la chappe de mortier qui couvre le Palais-Gallien aux plantes qui croissent sur les murs de la Sauve, et le vieux monument conservera sa couronne de fleurs.

PLANCHE VII.

ABSIDES DE L'ÉGLISE NOTRE-DAME.

§ II. GRANDE ABSIDE.

C'est du fond du jardin que l'abside paraît dans toute sa magnificence. De là encore le site est splendide, non-seulement par l'harmonie des lignes, mais encore par celle des couleurs.

La grande abside est divisée en trois compartiments verticaux séparés par une longue colonne; une colonne semblable la sépare du chœur.

Horizontalement l'abside se divise en trois étages : 1° un soubassement nu sur socle à deux redans ; 2° un premier étage percé, dans chaque compartiment, d'une haute et large fenêtre d'un dessin à peu près semblable à celle décrite planche V; 3° enfin un second étage orné d'une élégante arcature composée de 12 arcades, dont les archivoltes, formées de deux tores, repose sur une lourde colonnette dont les chapiteaux, tous semblables, sont couverts de magnifiques feuilles d'acanthe. La corniche n'existe plus.

L'extrados de la voûte est couvert d'herbes et de fleurs.

Les grandes fenêtres du premier étage ont peut-être été élargies. Les chapiteaux de leurs colonnettes sont tous fort curieux :

Fig. 1.    *Fig. 2.*    *Fig. 3.*   *Fig. 4.*    *Fig. 5.*

1° (*Fig. 1.*) A partir du nord, un homme coupe les griffes d'un lion.

2° (*Fig. 2.*) Espèce de harpie : tête humaine horrible, torse de femme, ailes d'oiseau, corps de lion.

3° (*Fig. 3.*) Trois personnages : celui du milieu à genoux tient les cheveux des deux autres qui lui tirent la barbe. Une des mains de ces derniers s'appuie sur le sol, tandis que leurs pieds sont à la hauteur de la tête du personnage du milieu.

4° (*Fig. 4.*) Tête humaine sur deux corps d'oiseaux, un autre oiseau debout sur chaque corps.

5° (*Fig. 5.*) Deux lions combattants.

6° Feuilles longues et recourbées.

§ II. ABSIDES MÉRIDIONALES.

La grande absidiole du sud ressemble tout-à-fait à celle du nord, sauf qu'elle est extérieurement bien plus ruinée. Un seul modillon est conservé, c'est une tête de cheval (?).

ABSIDE DE NOTRE-DAME DE LA GRANDE-SAUVE VUE DU FOND DU JARDIN A L'EST.

L'absidiole méridionale ressemble aussi beaucoup à celle du nord; seulement les pilastres sont ici remplacés par des colonnes. Une tête de loup renversée, et des entrelacs sont les seuls modillons qui restent encore.

Voici une inscription gravée sur deux pierres au sud du compartiment central :

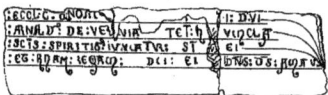

C'est celle d'un certain Arnauld de Verniac dont l'histoire n'a pas conservé le souvenir. C'était peut-être un bienfaiteur de l'Abbaye, peut-être un preux Chevalier du douzième siècle, bien connu, bien honoré de son temps, et dont les vertus guerrières, civiles et religieuses lui avaient mérité l'honneur d'avoir son épitaphe contre les murailles de l'église. Tout a été oublié, son tombeau seul nous révèle qu'il a vécu.

PLANCHE VIII.

FLANC SUD. — CLOCHER.

§ I. FLANC SUD.

Le transept sud a été presque entièrement démoli; ce qui reste est insignifiant, du moins à l'extérieur.

En étudiant le flanc nord, j'avais remarqué que son seul contre-fort roman conservé, ne se trouve pas en face de l'arc-doubleau de l'intérieur. Il en est de même au sud où il n'en manque aucun. Il m'est assez difficile de donner la raison de cette bizarrerie.

Ces contre-forts sont plats et montaient jusqu'à la corniche qui n'existe plus. Ils divisent le côté méridional en six compartiments, tandis qu'à l'intérieur il n'y a que cinq travées.

Toutes les fenêtres romanes ont été murées; les deux dernières, à l'ouest, sont plus modernes.

Dans la première travée de l'est une porte, anciennement romane et retouchée au dix-septième siècle, sert à pénétrer du cloître dans l'église.

Au-dessus des voûtes des bas-côtés, s'élève encore une partie des murs de la grande nef, soutenus par des contreforts plats qui montent jusqu'à la corniche fort simple. Les modillons représentent des fleurons ou des 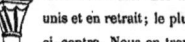 têtes d'animaux. Les trois fenêtres qui restent sont en plein-cintre, et s'ouvrent sous deux cintres unis et en retrait; le plus grand repose sur des colonnettes dont les chapiteaux ont la forme dessinée ci-contre. Nous en trouverons de semblables à l'intérieur.

§ II. CLOCHER.

Sur la quatrième travée du bas-côté, et sur les deuxième et troisième compartiments extérieurs, s'élève le clocher, magnifique tour qui peut se diviser en trois grandes zones : 1° une base carrée; 2° une partie centrale octogone; 3° une flèche.

Sa hauteur jusqu'à la galerie est de 37ᵐ 30ᶜ.

La flèche a environ 10ᵐ.

Quatre époques se remarquent dans sa construction : 1° le soubassement carré est roman; 2° le premier étage des grandes fenêtres est du commencement du treizième siècle; 3° le second étage, la galerie, et, peut-être, la flèche sont du quatorzième siècle; 4° l'escalier extérieur et quelques réparations sont de la fin du quinzième siècle.

La partie romane s'élève un peu moins haut que la corniche de la grande nef. Son escalier carré fait une saillie à l'intérieur dans l'angle sud-ouest, et conduit dans un corridor percé dans l'épaisseur du mur occidental, à la hauteur des voûtes des bas-côtés, sur lesquelles on pénètre par une petite porte en plein-cintre. A l'extrémité nord de ce corridor on trouve l'escalier plus moderne appliqué extérieurement contre la face nord-ouest du clocher.

FLANC SUD DE L'ABBAYE DE LA SAUVE-MAJEURE.

Lorsqu'au commencement du treizième siècle on a construit le reste de la tour, et que du plan carré on a passé à l'octogone, il a fallu fortifier les piliers; pour cela, on a bâti ces massifs qui, à l'intérieur, défigurent la quatrième travée du collatéral, et à l'extérieur, on a jeté des arcs-boutans s'élevant sur les redans pyramidaux qui relient les angles du soubassement aux faces de l'octogone placées au-dessus. La voûte qu'ils soutenaient est tombée.

Au-dessus de ces arcs-boutans une élégante corniche s'appuie sur des crochets, parmi lesquels se mêlent des têtes et des bustes humains.

L'étage suivant est éclairé par sept magnifiques fenêtres. L'escalier occupe la place de la huitième. Maladroitement murées à moitié de leur hauteur, elles ont perdu depuis lors toute leur grâce et une partie de leur caractère. Elles se composent de deux baies étroites surmontées d'un oculus. Les cintres de ces baies reposent  sur deux colonnettes de chaque côté, placées dans le sens de l'épaisseur du mur. Elles sont encadrées par une riche arcature ogivale composée de trois arcs en retrait formés de tores reposant sur trois colonnettes de chaque coté. Ces arcs sont encadrés par une archivolte extérieure, ornée d'astéries. Tous les chapiteaux sont formés d'un seul rang de crochets.

Un cordon à larmier sépare cet étage du supérieur. Celui-ci, d'un diamètre un peu moindre, est éclairé par six fenêtres ogivales, sub-trilobées à l'extérieur, sans colonnettes, plus étroites et moins hautes que celles de l'étage précédent. Les deux baies qui manquent sont remplacées, l'une, par la cage de l'escalier, et l'autre a été murée lorsqu'on a construit cet escalier. Une très-petite ouverture trilobée remplace maintenant la grande.

L'escalier est éclairé par de petits jours à accolades. Il est surmonté d'une calotte pyramidale avec pignons. A partir de cet étage l'escalier change de direction pour arriver à la terrasse entourée d'une galerie sur arcs trilobés à hauteur d'appui et en fort mauvais état; elle a été en partie refaite à l'époque de la construction de l'escalier. Les arcades du quatorzième siècle sont entourées extérieurement d'un tore, les autres n'en ont pas.

La flèche octogone, peu aiguë, est en très-mauvais état; elle est tronquée par le haut, et, là, remplacée par une toiture en plus triste état encore.

Du haut du clocher la vue s'étend sur presque tout l'Entre-deux-mers. On voit d'un côté les plaines de la rive gauche de la Garonne, et de l'autre les coteaux de la droite de la Dordogne.

C'est à la fin de l'Automne qu'il faut voir le site que j'ai cherché à reproduire ici, lorsque le Soleil, laissant tout le premier plan dans l'ombre, empourpre de ses derniers rayons les ruines de l'antique église dont la masse imposante se détache brillante sur un ciel fortement coloré.

PLANCHE IX.

CLOÎTRE ET RÉFECTOIRE.

Le cloître s'étendait au sud du collatéral. Sa longueur, du nord au sud, était de 41^m 50^c, et sa largeur de 34^m 50^c. Quelques restes d'arcades qui coupent les contre-forts, des faisceaux de colonnes et des chapiteaux appliqués contre les murs de l'église, donnent une faible idée de la magnificence de ce cloître rebâti au commencement du treizième siècle.

Les voûtes ogivales reposaient sur des faisceaux de petites colonnes, dont les chapiteaux sont ornés d'un seul rang de crochets entremêlés de feuilles et de fleurs indigènes. Sur quelques-uns (*Fig.* 1.) sont des entre-

Fig. 1.

Fig. 2.

lacs qui rappellent l'époque romane. Les tailloirs sont ornés de simples moulures, d'enroulements ou de bandelettes perlées. Les bases ont une scotie profonde et des pattes aux angles.

Dans le bas du contre-fort roman le plus rapproché de l'ouest, on a sculpté sur place une statue dont il ne reste plus que la partie inférieure. La voûte de la niche est ornée de feuilles de figuier (*Fig.* 2.) sur lesquelles il reste des traces de peinture. Des griffons ailés, à queue de serpent, et entourés de feuilles de lierre, forment un dais au-dessus de la statue; celle-ci est du commencement du treizième siècle.

Ce qui subsiste de plus remarquable dans ce cloître est une double porte, murée depuis longtemps, placée à l'extrémité orientale de la galerie nord (*Planche* IX), et des tombeaux qui l'avoisinent.

Ces portes ogivales, du commencement du treizième siècle, s'ouvrent sous une suite de moulures en retrait reposant sur d'élégants chapiteaux dont les colonnes manquent. Une archivolte couverte de palmettes et d'enroulements délicatement sculptés, encadre ces moulures. Des guirlandes de fleurs et des enroulements qu'engoulent des dragons, ornent l'arc le plus étroit; d'autres dragons engoulent des guirlandes de pampre de vigne sculptés sur les pieds-droits.

A côté de cette gracieuse porte, un tombeau, recouvert d'une arcade trilobée et surmontée d'une corniche avec deux têtes pour consoles, me paraît de la fin du treizième siècle.

Enfin, un second tombeau, à côté du précédent, date du quatorzième siècle. Les colonnes, sur lesquelles repose l'arc ogival, ont des chapiteaux à double rang de feuilles. Les pieds-droits sont à double étage d'arcades trilobées et surmontées de pignons dans lesquels sont ravalés des trèfles à feuilles aiguës ou mousses.

Le réfectoire était placé à l'extrémité méridionale du cloître; il était orienté est ouest. Presque entièrement

Porte du Cloître à La-Sauve

détruit on ne peut juger de l'effet qu'il devait produire que par trois belles arcades, mais d'inégales largeurs, qui restent encore au midi.

C'était une longue salle divisée en six travées et deux nefs. La retombée des voûtes ogivales se faisait au centre sur des colonnes probablement mono-cylindriques, et contre les murs sur de grosses colonnes à chapiteaux simples ou ornés de deux rangs de crochets; sur quelques-uns, des dragons forment les crochets. La retombée  des formerets, seule partie des voûtes qui existe, se faisait sur les mêmes grosses colonnes. Au-dessous de chaque formeret, ou grand arc, s'ouvrait une fenêtre ogivale géminée, actuellement murée, surmontée d'un quatre-feuilles. Les cintres de ces ouvertures reposaient sur des colonnettes, deux aux extrémités et une pour le meneau, au-dessus duquel s'avance une tête humaine. Les chapiteaux sont simples ou ornés d'un seul rang de crochets.

Toutes ces arcades sont formées de tores ou de scoties. Quelques-uns des tores ont un filet saillant et des restes de peintures de l'époque de la construction. Au-dessous d'une des fenêtres on remarque une console sur trois têtes à longs cheveux.

Ce réfectoire date de la fin du treizième siècle (1295). Il a été bâti sur l'emplacement d'un autre réfectoire plus ancien, car, à son extrémité occidentale, se trouvent trois arcs romans. Le plus grand en ogive romane, les deux autres en plein-cintre sont couverts de marques de tâcherons dans le caractère de celles qu'on trouve dans l'église.

Sur la moitié de l'emplacement du réfectoire ont été bâties les classes du Collége, contre les murs desquelles  on a encastré des sculptures qui, suivant M. Cirot (tom. II, p. 388), sont les clés des voûtes du chapitre qui s'étendaient à l'est du cloître. On y voit un hibou, des fleurons, un dragon engoulant des feuillages, un mascaron dont les muscles se terminent en feuillages (*Planche XIII*, *fig.* 15); et, pour sujets historiques, les saintes femmes au tombeau; Adam et Ève sous l'arbre fatal (*Planche XIII*, *fig.* 16). La Sainte-Famille en présence d'un jeune homme assis sur un trône et offrant l'hospitalité aux saints visiteurs.

Ce cloître est métamorphosé en cour de récréation : les cris, les rires et les jeux d'enfants étourdis, tapageurs et insouciants font retentir les lieux témoins des promenades silencieuses, des profondes méditations et des pieux entretiens des disciples de saint Gérard.

PLANCHE X.

INTÉRIEUR DE L'ÉGLISE NOTRE-DAME.

NEF ET COLLATÉRAUX.

C'est à l'intérieur que les artistes du moyen-âge avaient étalé toute la richesse de leur imagination. Des peintures éclatantes et des sculptures curieuses couvraient ce magnifique vaisseau depuis le pavé jusqu'aux voûtes ; mais quel triste spectacle attend maintenant celui à qui la curiosité ou l'amour de l'art ont fait franchir le seuil détruit de la porte ! Partout le deuil et la désolation : des piliers démolis, des voûtes effondrées, des sculptures mutilées, des peintures effacées ! Ce qui reste suffit à peine pour donner une idée de ce qu'était l'église il y a à peine cinquante ans.

C'est ce débris encore si magnifique que je vais essayer de faire connaître.

La grande nef, haute de 20^m environ, est divisée en cinq travées ; les bas-côtés plus bas et moins larges en avaient autant.

Des piliers cantonnés de quatre pilastres, sur chacun desquels s'applique une colonne à demi engagée, supportaient les voûtes de la nef, une des retombées de celles des collatéraux et les arcs qui séparaient la nef des bas-côtés. Il ne reste plus que les piliers du sud. — Deux pilastres, avec colonne à demi engagée, appliqués contre le mur occidental, supportaient la voûte de la première travée, tandis que celle de la dernière était élevée sur des piliers communs à la voûte de l'intersection des transepts.

Entre la première et la seconde travée de la grande nef s'ouvre un haut, lourd et disgracieux arceau ogival, bâti au commencement du seizième siècle pour supporter les orgues. C'est l'arcade isolée qui se voit au fond de la gravure ci-jointe et qui cependant fait si bien comme *pittoresque*.

Les colonnes de la nef s'élèvent jusqu'à la voûte. Elles sont toutes couronnées par un chapiteau godronné, sauf celui du dernier pilier qui est couvert de magnifiques feuilles d'acanthe (*Planche XIII*, fig. 13).

Les arêtes des voûtes, dont il ne reste plus que les derniers claveaux, ont la forme dessinée ci-contre, et devaient produire un grand effet.

Les fenêtres qui éclairaient la grande nef, au-dessus des toitures des bas-côtés, étaient en plein-cintre et quelque peu ébrasées en dedans. L'arcade repose sur des colonnettes d'une jolie proportion. Il ne reste plus que trois de ces fenêtres et au sud.

Le collatéral du nord offre bien peu d'intérêt : son état de ruine est déplorable. Il ne reste qu'une partie des deux travées des extrémités opposées. Celle de l'est est éclairée par une fenêtre sans colonnettes intérieures. Elle s'appuie sur un cordon en damier qui courait à la même hauteur sur les deux bas-côtés. Les pilastres qui supportaient les arcs-doubleaux sont renforcés d'une colonne à demi engagée. Le chapiteau de la première est couvert de feuillages (*Planche XIII*, fig. 14) ; celui de l'autre a pour ornement deux lions *bi-corpores*. (*Voyez l'ensemble de cette travée, Planche XI, à gauche.*)

INTÉRIEUR DE NÔTRE-DAME DE LA-SAUVE.
Vue prise du sanctuaire

Le collatéral du sud est bien plus intéressant, mais bien défiguré aussi.

Dans le bas de la première travée de l'ouest s'ouvrent deux niches romanes surmontées d'une espèce de colonnade.

Les deux travées suivantes ont été d'abord revoûtées au treizième siècle, puis fortement défigurées au seizième; à cette dernière époque leurs arcs romans ont été remplis d'une maçonnerie percée de longues et lourdes arcades ogivales. Les arêtes des voûtes retombent sur d'élégants chapiteaux-consoles. Tout le mur oriental de la troisième travée, bâti au treizième siècle pour supporter le clocher, a été peint. Les quelques restes visibles de cette peinture indiquent le quatorzième siècle. Les personnages, demi-nature ou plus petits, sont peints dans des arcades trilobées renfermées dans des cadres carrés. Il est impossible de reconnaître les sujets.

La quatrième travée a été décrite avec le clocher.

La cinquième, qui est la mieux conservée, est l'une des parties les plus intéressantes de ces belles ruines. La retombée des voûtes romanes sans arêtes se fait aux angles, sur un petit pilastre élevé de 1^m au-dessus du

taillor des chapiteaux. (Même système pour le collatéral nord.) Quelques-uns de ceux-ci sont fort remarquables. Le bas du premier est formé de feuilles et de fleurons, et dans le haut sont deux animaux *bi-corporés*. Sur un autre on voit de magnifiques feuilles d'acanthe. Ici, deux dragons enlacés se mordent la queue. (Voyez *Détails de la Grande-Sauve*, dans les *Types de l'Architecture au moyen-âge dans la Gironde*, par Léo Drouyn.) Là, c'est le sacrifice d'Abraham (*Planche XIII, fig. 7.*). Ce sujet est divisé en trois tableaux : 1° Un ange annonce à Sara incrédule qu'elle sera mère, malgré son grand âge; 2° L'ange retient le bras d'Abraham; 3° L'ange présente le bélier qui doit être sacrifié.

Enfin, sur le dernier chapiteau, la mort de saint Jean-Baptiste. (*Planche XIII, fig. 8.*) Ce grand drame est divisé en trois scènes : 1° Le festin : trois personnages à table; une femme et un homme causent ensemble peu amicalement sans doute, car l'homme tient un couteau à la main, et prend le bras de la femme; dans le bas un petit personnage, le diable peut-être, et en haut un musicien; au milieu Hérode se frise fièrement la moustache pendant qu'Hérodiade exécute des cabrioles. 2° Hérodiade apporte dans un bassin la tête de saint Jean que deux anges encensent. 3° Décolation de saint Jean. La prison est représentée par une maison, à la lucarne de laquelle le Saint passe la tête que le bourreau, armé d'une épée, tire par les cheveux.

PLANCHE XI.

TRANSEPT. — ABSIDIOLES MÉRIDIONALES.

§ 1. TRANSEPT.

Le transept, long de 44^m et large de 10^m, est divisé en cinq travées : une pour l'intersection, et deux pour chaque bras de la croix.

A chaque travée correspond une abside.

Les deux premières travées du sud n'offrent presque plus d'intérêt : les murs sont démolis jusqu'au-dessus des arcades des absidioles.

Les deux travées du nord sont presque entières, sauf les voûtes qui avaient été refaites au commencement du seizième siècle, par Jean de Larmandie quarante-deuxième Abbé. (Voyez, *Histoire de la Sauve*, de l'abbé Cirot, tom. II, p. 296.) Leurs nervures prismatiques reposent sur des culs-de-lampe représentant des bustes humains et des animaux.

Ce que j'ai dit en décrivant l'extérieur des murs ouest et nord, peut s'appliquer à l'intérieur, seulement la fenêtre romane est ici sans colonnettes.

Le mur oriental est percé de deux fenêtres romanes avec colonnettes et archivoltes. Elles prennent jour par dessus les voûtes des absidioles; leurs chapiteaux sont assez intéressants : 1° quatre lions combattants; 2° espèce de harpie *bi-corporée;* 3° autre combat de lions; 4° feuilles d'acanthe.

Deux cordons ornés d'entrelacs et de feuilles d'acanthe coupent ce mur horizontalement. Le plus haut est au-dessus des archivoltes des fenêtres, l'autre est continu avec le tailloir des chapiteaux.

Au milieu du mur, un pilastre supportait la retombée des voûtes. Il ne descend pas jusqu'au sol, mais porte à faux sur l'arc de la petite absidiole du nord. Là, il est soutenu par deux cariatides grimaçantes (*Planche XII.*).

 Nous donnons ci-contre le profil des arêtes romanes de l'intersection. Elles étaient soutenues par quatre piliers formés de colonnes et de pilastres.

Celui du nord-ouest est complètement démoli.

Celui du sud-est l'est à moitié; les deux autres sont entiers. Tous les chapiteaux des colonnes sont très-beaux; trois d'entre eux sont formés de feuilles d'acanthe supérieurement sculptées (*Planche XIII*, fig. 43.); sur le quatrième on voit des animaux fantastiques. Les deux du milieu montrent des oiseaux à tête humaine; ceux des extrémités, des quadrupèdes, espèces de centaures, les bras étendus et tenant une boule dans chaque main; les tailloirs de ces chapiteaux sont ornés de palmettes, d'entrelacs et de feuilles d'acanthe.

Les angles sortants des deux piliers de l'est sont échancrés dans le bas jusqu'à une hauteur de 2^m 60e environ, et là sont sculptées des pommes de pin.

Intérieur de La-G^{de}-Sauve. Transsepts.

§ II. ABSIDIOLES MÉRIDIONALES.

La petite absidiole offre peu d'intérêt. On y pénètre par un grand arc en plein-cintre reposant sur des colonnes à demi engagées dont les chapiteaux sont couverts de feuilles et de pommes de pin. La voûte, en cul-de-four, s'élève sur un cordon orné d'enroulements communs avec le tailloir des chapiteaux.

Un couloir plus moderne perce le mur qui sépare cette absidiole de sa voisine, dont l'entrée s'ouvre sous un grand arc roman ; une arcade pareille sépare le chœur du sanctuaire. Celui-ci est voûté en berceau cintré, celui-là en cul-de-four.

Les chapiteaux des colonnes représentent du côté de l'entrée 1° Daniel dans la fosse aux lions. Il est assis, le coude appuyé sur les genoux, la tête sur la main, tandis que deux lions sont debout à ses côtés (Voyez, *Détails de la Grande-Sauve*, dans les *Types de l'Architecture au moyen-âge, dans la Gironde*, par Léo Drouyn.); 2° Des épisodes de la vie de Samson : il enlève les portes de Gaza ; il déchire la gueule du lion sur lequel il est à cheval ; il dort sur les genoux de Dalilah qui reçoit de grands ciseaux d'un autre personnage (*Planche XIII, fig. 11.*).

Les chapiteaux du fond sont couverts de feuilles d'acanthe et de pommes de pin.

Dans cette abside on remarque trois petits médaillons de marbre, deux sont encastrés dans le mur, un troisième attend encore sa place. Ce dernier représente le Couronnement de la Sainte-Vierge ; un des deux autres, la Résurrection de Notre-Seigneur ; le troisième, l'Annonciation. Ils sont du quinzième siècle. Les figures sont toujours raides et maigres.

C'est dans cette chapelle qu'on a transporté, le 25 Août 1847, au milieu d'un concours immense de population, les reliques de saint Gérard. Si le monastère que ce grand homme a fondé n'existe plus, si l'église dont il a posé la première pierre tombe en ruines, si à peine une place a été trouvée pour exposer décemment ses reliques, le souvenir de ses vertus et de ses bienfaits reste du moins dans la mémoire des hommes chez qui les erreurs du siècle n'ont pas détruit la reconnaissance et la piété.

PLANCHE XII.

ABSIDIOLES NORD. — GRANDE ABSIDE.

§ I. ABSIDIOLES NORD.

Les absidioles du transept nord sont, quant au plan, conformes à celles du sud. Une partie de leur voûte est effondrée.

Les chapiteaux des colonnes offrent beaucoup d'intérêt. Un de ceux de la petite absidiole est orné de feuilles d'acanthe, l'autre de deux dragons entrelacés qui se mordent la queue (Voyez, *Détails de la Grande-Sauve* dans les *Types de l'Architecture au moyen-âge, dans la Gironde*, par Léo Drouyn.). A l'entrée de la grande absidiole on voit d'un côté deux lions dévorant les jambes d'un personnage, reproduction à peu près exacte de celui dessiné Planche V, et de l'autre côté l'histoire d'Adam divisée en trois scènes (*Planche XIII, fig.* 12.) : 1° Au milieu du chapiteau nos premiers parents et le serpent. Ce dernier enroulé autour de l'arbre fatal présente le fruit à Ève, qui, après l'avoir reçu, l'offre à Adam. Le péché est déjà commis par intention et ils couvrent leur nudité. 2° Ève, vêtue, allaite un enfant emmailloté : punition de la femme (*Genèse*, chapitre 3, v. 16.). 3° Adam vêtu, bêche péniblement la terre : punition de l'homme (*Genèse*, chapitre 3, v. 17. et suivants.). Ce chapiteau est fort curieux et mériterait une longue dissertation. J'ai gravé à côté un médaillon du quatorzième siècle représentant le même sujet (*Planche XIII, fig.* 16.).

Sur les deux chapiteaux du fond sont, d'un côté, deux sirènes, de l'autre, deux personnages enveloppés de feuillages. (Voyez, *Détails de la Grande-Sauve* dans les *Types de l'Architecture au moyen-âge, dans la Gironde*, par Léo Drouyn.).

§ II. GRANDE ABSIDE.

La grande abside est divisée en chœur et sanctuaire. Celui-ci est voûté en cul-de-four. La voûte du chœur a été refaite en même temps que celle du transept nord.

On communique du chœur de la grande abside dans ceux des absidioles voisines par six arcades, trois de chaque côté, en plein-cintre et d'inégales largeurs. La plus rapprochée de l'arc triomphal descend jusqu'au sol; elle n'a pas de colonnes; l'arc repose sur un tailloir à entrelacs.

Les deux arcades suivantes sont formées de deux arcs. Le plus resserré repose, d'un côté, sur une colonne à demi engagée et de l'autre, sur un pilier-colonne gros et massif mais d'un grand caractère. Le plus large s'appuie d'un côté sur les pieds-droits, et au centre sur le même gros pilier. Ces arcades, qui ne descendent pas jusqu'au sol, ont été murées du côté du sud pour fermer la chapelle de Saint-Gérard.

Des six chapiteaux sur lesquels s'appuient ces arcades, deux sont couverts de feuilles d'acanthe ou de feuillages qui ressemblent à de la vigne et de fruits qui ont l'air de pommes de pin (*Planche XIII, fig.* 17.); un autre

Intérieur de Notre-Dame de la G.de Sauve (Gironde.)

de deux lions *bi-corporés*. Les deux derniers sont historiés. Ainsi, sur celui du côté de l'épître sont représentées les trois tentations de Notre-Seigneur : 1° Sur la balustrade du temple ; 2° dans le désert très-problablement ; la troisième est cachée par le mur moderne. Jésus-Christ est reconnaissable à son nimbe crucifère, et le diable, à ses pieds armés de griffes et à sa tournure difforme.

Le chapiteau du gros pilier-console du côté de l'évangile est, à mon avis, le plus intéressant du monument (*Planche XIII*, fig. 9 et 10.). Il est divisé en quatre sujets : 1° un homme armé d'un bouclier et d'une épée combat contre un lion qui s'élance sur lui ; 2° deux griffons, tête et cou d'oiseaux, corps de lions ailés, queues en feuillages, boivent dans un même vase porté sur une colonne en spirale ; 3° combat de deux centaures, l'un d'eux lance une flèche à l'autre ; 4° combat de deux aspics contre deux basilics, ceux-ci ont des corps de coq et des queues de serpent.

Au-dessus des arcades du rez-de-chaussée, et dans l'épaisseur du mur du premier étage, est percée une galerie à laquelle on arrive par un escalier placé dans l'angle du chœur. L'escalier, qui, du premier étage, montait sur les voûtes, est percé dans le pilier nord-est du transept.

Ce premier étage était éclairé de chaque côté par deux fenêtres avec archivoltes sur colonnettes. Les fenêtres du sud n'existent plus, sauf une colonnette dont voici le chapiteau.

Les colonnettes de gauche ont disparu, mais les quatre chapiteaux existent : 1° feuilles d'acanthe ; 2° un pélican (?) ; 3° deux lions ; 4° lion *bi-corporé*.

Le sanctuaire, plus étroit que le chœur, est séparé de ce dernier par des colonnes dont les chapiteaux sont couverts de feuilles d'acanthe.

La voûte en cul-de-four du sanctuaire fait l'admiration des connaisseurs et subsiste encore en son entier, quoique la toiture soit enlevée depuis un tiers de siècle.

Les trois fenêtres du fond sont encore plus belles à l'intérieur qu'à l'extérieur, mais celle du milieu a seule conservé ses colonnettes dont les fûts sont chevronnés. L'une d'elles a pour chapiteau un ange debout sur un dragon qui tient une boule dans la gueule. L'ange, lui-même, en tient une dans chaque main. (Voyez *Détails de la Grande-Sauve*, dans les *Types de l'Architecture au moyen-âge, dans la Gironde*, par Léo-Drouyn.)

Sur l'autre chapiteau un ange tenant une lance dans chaque main l'enfonce dans la gueule de deux dragons qu'il foule aux pieds.

Ici encore, comme à l'entrée du monument, nous trouvons des anges terrassant le démon : la lutte du bien avec le mal. On dirait que les imagiers qui ont sculpté toutes les figures de l'église ont voulu faire allusion à la vie du chrétien, soit par des faits réels sur les chapiteaux historiques, soit par des représentations symboliques. A notre entrée dans la vie, comme à la porte de l'édifice, le dragon est terrassé par le baptême ; à la sortie il est vaincu de nouveau par les augustes sacrements administrés à tout chrétien mourant. Ainsi, au fond du sanctuaire, le dragon éprouve encore une défaite ; tandis que dans l'intérieur de l'église, comme pendant le cours de notre existence, balottés par nos passions, aujourd'hui vainqueurs, demain vaincus, c'est tantôt le bien, tantôt le mal qui l'emporte.

PLANCHE XIII.

DÉTAILS ET RÉSUMÉ DE L'ABBAYE DE LA SAUVE.

La consécration de l'église de Notre-Dame de la Grande-Sauve n'a eu lieu qu'en 1230; ce n'est cependant pas un monument du treizième siècle, comme l'affirme la Commission des Monuments historiques de la Gironde dans son compte-rendu de 1850; saint Gérard en a posé la première pierre en 1080, et ce qui constitue l'église proprement dite était achevé avant 1200. D'ailleurs, au défaut de preuves historiques, nous aurions les caractères architectoniques pour nous convaincre qu'elle était achevée avant la première moitié du douzième siècle.

C'est un monument de transition entre le roman secondaire et celui de la troisième époque.

Paraissent appartenir au type du onzième siècle : le plan, les contre-forts des faces latérales et ceux de l'absidiole du transept nord, des bases sans pattes aux angles et imitant la base attique (*Planche XIII, fig.* 19.), certaines colonnes courtes et grosses au tiers engagées (arcature extérieure de la grande abside), d'autres qui ne sont que de massifs piliers ronds avec base et chapiteaux (chœur), des chapiteaux godronnés aussi simples que possible; d'autres, couverts de feuilles d'acanthe, imitées assez heureusement de l'antique (*Planche XII, fig.* 13.). Pour ornements on voit des damiers, des figures, soit d'hommes, soit d'animaux, qui ressemblent assez à celles de l'Abbaye-aux-Dames de Saintes, bâtie en 1047.

Les sujets historiés n'ont pas la lourdeur de ceux du commencement du siècle, mais ils sont encore loin d'avoir atteint la perfection de ceux qui précédèrent de quelques années l'ère ogivale, tels qu'on en voit à Blazimont et à Castel-Vieil. (Voyez dans les *Types de l'architecture au moyen-âge, dans la Gironde*, par Léo Drouyn.) Rien de plus grotesque que ces figures longues, laides et sans expression; quelques-unes couvertes de riches étoffes qui se plissent en spirale autour des bras et des jambes. Mais si la figure humaine est hideusement rendue, les animaux *hybrides* (composés de deux espèces différentes) ou réels sont au contraire vigoureusement sculptés, et ont un grand caractère.

En outre des sujets historiques, les sculpteurs de cette époque représentaient, sur les modillons et les chapiteaux, des figures symboliques, soit d'hommes, soit d'animaux. Si nous voulions nous lancer dans ce genre de description, nous trouverions, sur un seul chapiteau (*Planche XIII, fig.* 9 et 10.), l'aspic et le basilic, symboles du mal; le lion, symbole de la force et du courage, quelquefois aussi du crime; le centaure, symbole de la force brute et de la vengeance; le griffon, symbole de la ruse. Ailleurs, ce sont des animaux *hybrides* (têtes d'hommes et corps d'animal) exprimant les mauvaises tendances de l'âme humaine, caractérisées par les passions qui dominent dans l'animal.

L'homme qui est dévoré par un monstre (*Planche VI.*) exprimerait le triomphe du démon sur le pécheur; celui qui coupe les griffes du lion (*Planche VII.*) est une leçon d'un autre genre, etc., etc. On peut considérer également comme symbolique un anneau qui entoure les pieds de certaines bêtes féroces, rappelant, peut-être, l'obligation faite à l'homme d'enchaîner les mauvais penchants qu'elles représentent. J'ai remarqué ce même signe dans beaucoup d'édifices de l'Entre-Deux-Mers, et je ne sache pas qu'il ait été observé ailleurs. Quelques

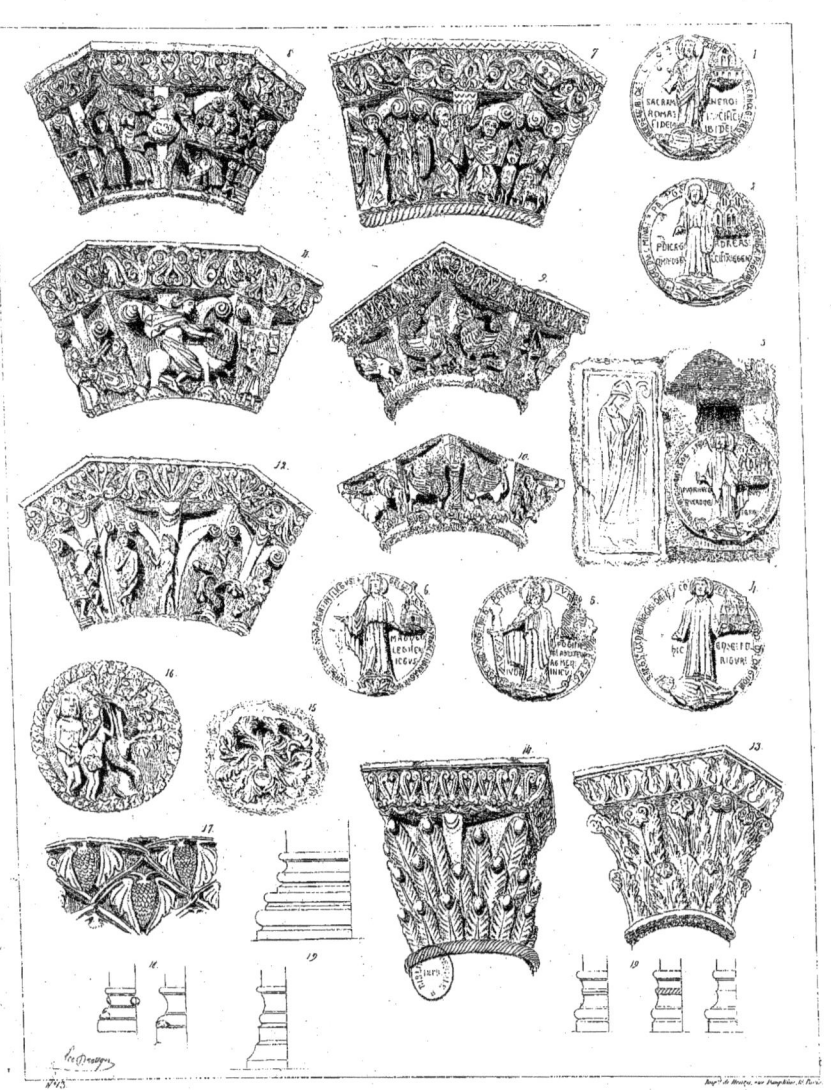

DÉTAILS DE L'ABBAYE DE LA-SAUVE

animaux tiennent des boules sous leurs griffes (*Planche XIII, fig. 10*.); des personnages en tiennent dans leurs mains : Ces boules ont un sens encore plus mystérieux.

Comme appartenant au type du douzième siècle, nous voyons des colonnes à demi engagées, servant de contre-fort à l'extérieur des absides. A l'intérieur, elles ne se groupent pas encore en faisceaux, mais elles *sont à demi engagées*, sur les faces de gros piliers carrés. Les cordons et les tailloirs des chapiteaux sont couverts d'entrelacs et d'enroulements. Certaines bases ont des pattes aux angles (*Planche XIII, fig. 18*.), mais timidement dessinées. Des figures, comme celles qui restent à la façade (*Planche IV*.), n'ont plus ces horribles faces à yeux de profil, et ces habits plissés en hélice; les têtes sont mieux dessinées et les draperies ont un certain naturel.

Mais nous ne voyons pas encore, comme à la fin de ce siècle et au commencement du suivant, ces bandelettes perlées, fouillées profondément et se détachant du fond sur les corbeilles et les tailloirs des chapiteaux, ces personnages dont le dessin annonce déjà celui si correct et si noble du treizième siècle, etc. etc.

Plusieurs parties de l'église sont couvertes de marques de tâcherons, et font supposer que, si tout le monument n'a pas été bâti par les mêmes ouvriers, deux compagnies seulement paraissent y avoir travaillé. Ainsi

Fig. 1. *Fig. 2.* *Fig. 3.* *Fig. 4.*

les seules marques qui se rencontrent sur les murs des absides, à l'intérieur comme à l'extérieur, sont représentées par la *fig. 1*. Elles sont d'ailleurs en très-petit nombre, tandis que les suivantes, dont le caractère est différent, se trouvent dans le reste de l'église. La *fig. 2* représente celles de l'intérieur du transept sud, au-dessus des bas-côtés; et la *fig. 3*, celles qui sont à l'extérieur du bas-côté sud. Celles de la *fig. 4* se voient dans l'intérieur, sur le flanc nord, dans l'escalier roman du clocher, et sur la façade.

Plusieurs architectes aussi paraissent avoir fourni des plans. Celui qui a bâti la basse-œuvre du chœur et du côté oriental du transept nord n'est, sans-doute, pas le même qui a donné le plan du premier étage des mêmes parties. Il y a là un changement très-notable (*Planche XI*.), quoique la pierre et l'appareil soient les mêmes.

Dans plusieurs autres parties du monument on voit des changements semblables et plus ou moins apparents.

Les voûtes de la grande nef n'existent plus. Je les crois, par le peu de vestiges qui en reste, de la fin du douzième siècle. On a vu souvent des églises dont les voûtes n'ont été faites que deux ou trois cents ans après le reste de la construction.

Nous passons maintenant aux preuves historiques, toutes puisées dans l'excellente histoire de la Grande-Sauve de M. l'abbé Cirot de la Ville.

En 1106, Geoffroi Ier de Laon, Abbé jusqu'en 1119, fait bâtir les cloîtres, les réfectoires (nous avons vu, *Planche IX*, ce qui en reste), les dortoirs, les officines et les maisons dépendantes. L'église aussi fut fort avancée. Il est assez probable que la bâtisse en fut finie et que ce qui restait à faire n'était que les ornements, les peintures, les sculptures, etc. etc.

Pendant tout le onzième siècle, presque tous les grands personnages de cette époque viennent à La Sauve, ou lui accordent des priviléges. Ces visites et ces faveurs étaient très-fructueuses et l'église dût se bâtir et s'orner. En outre dans tout le cours de ce siècle il est souvent parlé de l'église, du cloître, des bâtiments, comme si tout était fini et pas du tout de destruction. Seulement en 1170 les Basques et les Navarrais se jetèrent sur le Bordelais, saccagèrent la Sauve, mais ne la détruisirent pas, puisqu'il y resta des religieux qui purent secourir leurs voisins. Peut-être les voûtes primitives furent-elles démolies.

Quant à l'époque de la consécration, l'archéologie est encore d'accord avec l'histoire. D'après celle-ci, Grimoald, treizième Abbé, après douze ans de travaux, met fin aux constructions et célèbre la dédicace de l'église en 1231. Nous ne voyons là que des travaux considérables, et non une reconstruction.

Ce qui a été fait à cette époque, c'est la partie octogone du clocher, tout le cloître (l'ancien n'était probablement pas assez grand ou assez riche), et les voûtes de deux travées du bas-côté sud. Il ne faut qu'un peu d'observation pour voir la différence qu'il y a entre la sculpture et l'architecture de ces dernières parties et celles du reste du monument. En mémoire de la consécration, douze médaillons, représentant les apôtres, avaient été placés au pourtour intérieur de l'église. Il n'en existe plus que six. Leur diamètre est de 40^{cm} à 50^{cm}.

Les apôtres nimbés et pieds nus, excepté saint Barthélemy qui est chaussé, portent dans la main gauche une petite église et dans la droite leur attribut ou l'instrument de leur supplice, et non une lance, comme le dit la Commission des Monuments historiques de la Gironde (année 1851).

Ils foulent sous les pieds des personnages couronnés, peut-être les princes qui les ont fait mettre à mort. Ce qui me le fait penser, c'est que ces apôtres ont reçu le martyre par l'ordre de rois ou d'empereurs nommés dans la légende inscrite autour du médaillon; que saint Jude écrase un dragon, emblème du démon, parce qu'il a été mis à mort par une troupe de prêtres des idoles, et que saint Matthieu, qui est sur une console où sont sculptées des feuilles de laurier, symbole de la victoire, a été tué à coup de flèches sans ordre précis d'un roi.

Le dessin de ces médaillons est correct (*Planche XIII, fig.* 1 à 6.); les draperies naturelles et larges. Ils étaient entourés de peintures, mais il n'en reste plus de traces qu'autour de saint Jacques-le-Majeur. C'est un évêque qui bénit (*Planche XIII, fig.* 3.). Voici les inscriptions qui sont autour de chaque médaillon. Je les ai estampées avec soin, et crois être sûr de leur exactitude. J'ai conservé dans la gravure la forme des lettres et la place des mots. J'ai lu et traduit certaines inscriptions différemment que M. l'abbé Cirot.

I. Saint Pierre.

† : EXIT : AB : ERRORE : PETQ : RECEPTAT : AB : ORE : SACRAM : ROMA : FIDEM : NERO : ...CIFIC : IBIDE :

Rome sort de l'erreur et reçoit la foi divine de la bouche de Pierre. Là, Néron le crucifie. (Traduct. de l'abbé Cirot.)

II. Saint André.

.... PATS : URB : OPULENTA : PATRAS : PDICAT : ADREAS : QUE : POST : CCIFIX : EGEAS :

.... André prêche dans la ville opulente de Patras, et ensuite Egée le crucifie.

III. Saint Jacques-le-Majeur.

† : SANCTOS : PENIS : MULTIMODIS : FUROR : OLIM : FECIT : HERODIS : PUNIRI : JACOBUM... : MUCRONE : FERIRI :

La fureur d'Hérode a fait éprouver aux saints toutes sortes de tourments, et frapper Jacques par le glaive. (Traduct. de l'abbé Cirot.)

IV. Saint Barthélemy.

C̄OVERTENDO : D̄N : DAT : ĪDIA : BARTHOLOMEO : REGIS˙ : OB : H : HIC : ENSE : FERITUR :
Le Seigneur donne l'Inde à Barthélemy pour la convertir. Là, pour ce motif, il est frappé par l'épée du roi.

V. Saint Jude.

† : DUM : ...ET : ET : P̄SE : CREDUNT : IHŪ : T : PERSE : JUDĀ : PŌTIFIC... : GLADIO : FE-RIT : AGMEN : INICŪ :
Tandis que Jude enseigne, et que, par lui, les Perses croient en vous, ô Jésus, une criminelle troupe de prêtres le met à mort.

VI. Saint Matthieu.

† : TELIS : HYRTACI : NARRATUR : IN : URBE : FERACI : NADABER : INFLICTUS : MATHEO : LETIFER : ICTUS :
On raconte que Matthieu fut frappé d'un coup mortel par les traits de l'hyrtacien dans la magnifique ville de Nadaber.

Ces deux derniers médaillons ont été publiés par la Commission des Monuments Historiques de la Gironde (*Compte-Rendu* de 1851); mais on ne peut le consulter avec fruit, parce que l'inscription donnée dans le texte n'est pas la même que celle donnée dans les dessins.

Je ne sais comment l'église était pavée, mais le chapitre avait pour pavage des carreaux émaillés et vernissés, de 12 centimètres sur chaque face, représentant des lions, des oiseaux, des fleurs-de-lis, des moulures géométriques de différentes sortes. Ces carreaux me paraissent appartenir à la fin du quatorzième siècle. Depuis que j'ai dessiné ceux-ci j'ai trouvé les fragments de quelques autres dont les dessins géométriques sont différents.

Les animaux sont noirs ou rouges sur fond jaune ou vert, et *vice-versâ*. Dans le creux des moulures géométriques on avait coulé de l'émail coloré.

L'appareil du monument est magnifique, surtout à l'abside et à la façade. Ce sont de grandes pierres de 35ᶜᵐ à 45ᶜᵐ, avec des joints très-étroits. Ailleurs il est un peu moins soigné, mais toujours superbe.

Un monument ainsi construit est destiné à vivre encore de longues années, même dans l'état de désolation où il se trouve, si les hommes laissent au temps seul le soin de le détruire.

APERÇU
SUR
L'ÉGLISE SAINT-PIERRE DE LA GRANDE-SAUVE.

A un demi-kilomètre à l'ouest de Notre-Dame, sur un promontoire parallèle à celui sur lequel est placé l'Abbaye, s'élève l'église Saint-Pierre (*Planche XVI.*) fondée par saint Gérard en 1083.

Si cette primitive église a été construite d'un seul jet, il n'en reste plus de traces, car celle que je vais décrire appartient aux dernières années du douzième siècle.

C'est en effet un monument de transition où le style ogival commence à se greffer sur le roman.

§ 1. EXTÉRIEUR.

Plan. — Le plan (*Planche XV*, n° 3.) se composait primitivement d'une seule nef rectangulaire, divisée par quatre travées d'inégales profondeurs, longue de 31^m 60^c, large de 9^m 30^c. Le bas-côté au nord, composé de trois travées, est de 1523. La sacristie, à l'est du bas-côté, le porche au sud et la balustrade du maître-autel ont été bâtis à la fin du dix-septième siècle par l'abbé Castellane.

Contre-forts. — Des contre-forts à plusieurs redans, inégaux de saillie, de largeur et de hauteur, contre-boutent les murs et les arcs-doubleaux. Les trois de la face occidentale et les deux qui encadrent la porte au sud, me paraissent quelque peu postérieurs au reste de la construction.

Dans l'intérieur de celui du milieu de la face sud, plus gros que les autres, est un escalier qui conduisait sur les voûtes. La porte s'ouvrait à l'intérieur de l'église, dans la troisième travée, à la hauteur de quatre mètres environ.

Clocher. — La face occidentale, privée de tout ornement, est surmontée d'un clocher-arcade à pignon tronqué, percé de deux baies en plein-cintre. Sur le haut du mur s'élève une troisième petite arcade isolée.

Au-dessus des contre-forts des flancs nord et sud, s'étend, dans le haut du mur, une corniche soutenue par des modillons assez curieux.

Fenêtres. — Sur les flancs de l'église, chaque travée est éclairée par des fenêtres géminées très-ébrasées en dehors et en dedans, surmontées d'un oculus. Une archivolte décore chaque fenêtre. A l'intérieur, les archivoltes reposent sur de longues colonnettes à chapiteaux ornés d'un seul rang de crochets; extérieurement elles en sont privées. Au sud, la fenêtre de la travée voisine de la porte a été refaite au seizième siècle. Les fenêtres du chevet seront décrites à part.

Porte. — La porte s'ouvre au sud, dans la première travée de l'ouest, sous quatre arcs ogivaux ayant sur leur angle saillant un tore qui repose sur une colonnette de même grosseur. Les chapiteaux n'ont qu'un rang de crochets. Les ventaux sont du seizième siècle, et les moulures de leurs panneaux sont à accolades. Cinq fers de cheval sont fixés sur la porte avec des clous à tête très-saillante. Cet *ex-voto* est très-commun dans notre département.

Au-dessus de la porte, sur une corniche soutenue par des têtes humaines en guise de modillons, s'ouvre une niche renfermant une statue de saint Pierre.

§ II. INTÉRIEUR.

Colonnes. — Les arcs-doubleaux ogivaux et surhaussés, formés d'une large plate-bande dont les deux angles saillants sont remplacés par un tore, s'appuient sur des faisceaux de colonnes de même hauteur, mais de grosseurs inégales, séparés par des gorges profondes. Les chapiteaux sont formés de crochets et les bases écrasées ont des pattes.

Voûtes. — Les voûtes s'abaissent, non-seulement vers les deux murs latéraux, mais aussi vers l'arc-doubleau de manière à former une suite d'ondulations. Leur hauteur sous clé est de 12^m. Elles sont couvertes de peintures du commencement du treizième siècle, excepté celle de la première travée qui a peut-être été grattée.

La couleur de l'enduit sur lequel la peinture a été appliquée, change à chaque voûte. Celui de la première est blanc, celui de la deuxième jaune, et celui de la troisième orangé; sur le fond sont figurées, par des raies rouges, des assises de petit appareil allongé. Si le fond augmente d'intensité à mesure qu'on s'approche du chœur, les ornements font le contraire, de sorte que la voûte du chœur, qui est la plus riche d'ornements, est la plus sobre de tons vigoureux.

La naissance des nervures, à partir de la clé, est peinte sur une longueur de 50^{cm} environ, de manière à figurer une croix, et à partir de l'angle formé par ces nervures s'avancent jusqu'aux arcs formerets et doubleaux, de larges bandes ornées, sur un fond noir, bleu, vert ou brun, de moulures, de fleurs, de feuillages ou de fleurons de diverses couleurs, comme on en peignait sur les vitraux, comme on en sculptait sur les cordons, les tailloirs et les murs de cette époque. Sur la voûte de l'ouest, ces bandes sortent de la gueule de têtes monstrueuses. La bande qui se dirige à l'est est ornée de cinq médaillons dans lesquels sont peints un oiseau, un lion, un coq, un dragon, et un lion léopardé.

Les ornements de la voûte du chœur sont très-légers, et, comme je l'ai dit, de couleurs bien plus claires. Sur les diverses nervures et autour des bandes sont figurées de petites arcatures.

A l'ouest, la clé de voûte est formée de palmes; la suivante est une croix blanche sur fond brun; la troisième, un tournesol; sur celle du chœur, l'agneau divin avec l'étendard surmonté d'une croix triomphale.

§ III. BAS-CÔTÉS.

De grands arcs ogivaux prismatiques séparent la nef du bas-côté. Les nervures et les arcs-doubleaux prismatiques de la voûte se perdent d'un côté dans de gros piliers ronds sans chapiteaux et du côté du nord viennent se fondre dans les moulures de demi colonnes torses, à larges gorges en spirales, séparées par des arêtes aiguës. L'appareil des voûtes est indiqué par des lignes rouges. Les clés des deux voûtes de l'ouest sont couvertes d'un écusson effacé. Sur celle du chœur on voit une Sainte-Vierge tenant l'Enfant Jésus.

La fenêtre de l'est est à meneaux flamboyants et les autres n'ont aucun ornement. Un petit oculus flamboyant s'ouvre à l'ouest.

Sacristie. — La sacristie est sans intérêt; sur la porte est un écusson timbré de la couronne de comte et dont le champ sans émaux, porte une croix pleine, comme celui du porche et de la balustrade du maître-autel.

L'appareil de toute l'église est magnifique.

Les seules choses à signaler à l'intérieur de l'église sont : l'autel rococo du bas-côté, une piscine dans le chœur de la grande nef, un escalier en bois du seizième siècle sur la tribune, et un bénitier roman près de la porte. (Voyez *Couvertures des livraisons*.) Ce bénitier placé sur un assemblage de chapiteaux à crochets renversés, représente Daniel nimbé et assis entre deux lions qui lui lèchent les mains.

PLANCHES XIV & XV.

SCULPTURES DE L'ÉGLISE SAINT-PIERRE DE LA GRANDE-SAUVE.

§ I. CHEVET DE L'ÉGLISE.

Le chevet est la partie la plus curieuse du monument. Il est droit, son pignon obtus est surmonté d'une petite croix en antéfixe, et percé d'une baie rectangulaire longue et étroite, qui éclaire le dessus des voûtes. A partir du bas du pignon, deux contre-forts plats bornent une riche arcature surmontée d'une corniche et d'un oculus (*Planche XIV*.). Cette décoration se compose de sept arcs dont trois servent de fenêtres et sont en plein-cintre; les quatre autres sont simulés, ogivaux, et servent de niches à des statues grandes comme nature.

La fenêtre du centre est plus haute que les deux autres. Elle contient un vitrail représentant, avec la date de 1534, saint Pierre et un ange : ce vitrail se trouvait autrefois à la fenêtre orientale du bas-côté. Le reste de la verrière et celles des deux autres fenêtres sont modernes et sans intérêt. Les niches, de hauteur et de formes inégales, font supposer qu'elles ont été faites exprès pour des statues antérieurement sculptées.

Des colonnettes grêles, à chapiteaux à crochets, supportaient les arcs des fenêtres seulement.

Les statues, à commencer par le nord, sont :

1° Saint Michel foulant sous ses pieds un dragon dans la gueule duquel il enfonce une lance surmontée d'une petite croix de fer. Il appuie sa main gauche sur un bouclier triangulaire qui lui couvre le bas du corps depuis les pieds jusqu'à la poitrine. Ce bouclier est orné d'une grande croix. Le costume du saint Archange consiste en un long manteau, ses pieds et sa tête sont nus, ses cheveux ondulés, ses ailes assez courtes et relevées au-dessus de la tête.

2° Saint Jacques-le-Majeur en pèlerin, vêtu d'une robe et d'un manteau, pieds nus, bourdon ferré à la main gauche, chapeau à larges bords, panetière couverte d'une coquille. « Saint Gérard fit de son abbaye le
» point de départ de tous les pèlerinages, mais surtout de celui de Saint-Jacques-de-Compostelle. Les pèlerins
» venaient à la Sauve se confesser, faire leur testament, et recevoir, des mains de l'Abbé, le bâton et la panetière
» bénis » (*Histoire de la Sauve*, par l'abbé Cirot, tom. 1, p. 349.).

3° La Sainte-Vierge assise, couronnée, tenant sur ses genoux l'Enfant Jésus. Le trône orné d'arcatures ogivales, est élevé sur une corniche soutenue par un faisceau de trois petites colonnettes.

4° Saint Pierre bénissant de la main droite, tenant des clés dans la main gauche, barbe et cheveux courts et frisés, pieds nus, robe et manteau.

A côté, sur la face du contre-fort, sous un dais, est un petit personnage à genoux aux pieds de saint Pierre : ne serait-ce pas le fondateur?

Toutes ces statues ont été peintes et ne manquent pas de caractère.

Les neuf modillons de la corniche sont, à partir du nord : 1° buste d'homme, bouche ouverte, expression de douleur; les deux mains appuyées à terre sur un rouleau, il semble écrasé par le poids de la corniche. 2° Personnage renversé la tête en bas; des deux mains il tient des anneaux fixés dans le mur. La partie inférieure de

DÉTAILS A L'ÉGLISE ST PIERRE DE LA SAUVE

son corps se termine en tonneau. 3° Tête de tigre tirant la langue. 4° Tête humaine, s'ouvrant la bouche avec les deux mains. 5° Homme accroupi, vêtu, sa barbe et ses genoux sont liés ensemble avec une corde; il tient ses jambes avec les deux mains. 6° Deux rangs de feuilles recourbées. 7° Deux personnages vêtus, homme et femme; ils se sont passé les bras par dessus les épaules et après s'être mis réciproquement un doigt dans la bouche, ils se la tirent en sens inverse. 8° Trois rangs de feuilles recourbées. 9° Homme accroupi, vêtu, les mains sur les genoux et lié par le cou, les bras et les jambes.

§ II. MODILLONS DES MURS LATÉRAUX.

Les modillons du haut des murs latéraux ne manquent pas d'intérêt. Quelques-uns sont de simples consoles, d'autres présentent un profil assez compliqué. Ceux-ci sont couverts de divers ornements usités à cette époque (*Planche XV*, n°s 8 et 9.). Sur le plus grand nombre sont des têtes d'hommes ou de femmes avec bandelettes autour de la tête et mentonnière (*Planche XV*, n°s 10 et 11.). On y voit des personnages entiers (*Planche XV*, n° 6.), des têtes d'animaux, des crochets, des têtes humaines à double face (*Planche XV*, n° 12.). L'un d'eux, le premier du côté du sud à partir du chevet, est la reproduction du damné auquel un diable dévore les jambes, et qui se trouve gravé Planche VI. Quant à quelques autres le dessin seul peut les faire comprendre (*Planche XV*, n°s 7, 13, 14.).

§ III. NICHE DU PORTAIL.

Au-dessus de la porte est une niche en plein-cintre avec archivoltes et colonnettes (*Planche XV*.). Elle renfermait autrefois une statue de saint Pierre. Le fond peint en jaune était parsemé de fleurs-de-lis rouges. Maintenant la statue est sur une console moderne, à côté de la niche dans laquelle on a percé un oculus ovale. Saint Pierre est nimbé, barbe et cheveux frisés et courts, pieds nus, couvert d'un long manteau. Il porte des clés dans la main droite, et un volumen déroulé dans la gauche. Il est sur un socle orné de feuilles de laurier. C'est une fort belle statue, de grandeur naturelle, exécutée au commencement du treizième siècle. Dans ma gravure je l'ai replacée dans sa niche.

§ IV. STATUE DE SAINTE CATHERINE SUR UN CONTRE-FORT DU BAS-CÔTÉ.

Dans le contre-fort qui empâte l'angle nord-est du bas-côté, on voit une niche dont le dais en coquille, recouvre une élégante statue de la renaissance représentant sainte Catherine couronnée, vêtue d'une robe et d'un manteau à larges plis, tenant un livre dans la main droite et un long bâton dans la gauche; elle foule sous ses pieds un personnage couronné qui tient un sceptre; à côté d'elle est une petite roue (*Planche XIV*.). Sur la console est sculpté un écusson avec deux enfants nus pour tenants. Toutes ces sculptures, dont je viens de parler, sont vraiment très-remarquables, et je connais dans nos campagnes fort peu d'églises aussi bien dotées que celle de Saint-Pierre de la Sauve, sous le rapport de la peinture et surtout de la sculpture.

PLANCHE XVI.

VUE GÉNÉRALE DE L'ÉGLISE SAINT-PIERRE DE LA SAUVE.

CROIX DU CIMETIÈRE. — PIERRE TOMBALE. — PLAT ÉMAILLÉ.

Croix du Cimetière. — Le cimetière de Saint-Pierre de la Sauve est triangulaire. Dans chacun de ses angles est une croix de la fin du quinzième siècle. J'ai composé la Planche XVI avec une vue générale de l'église et deux de ces croix; la troisième se voit à côté de l'église dans le fond : son fût octogone s'élève sur un socle carré, quelques moulures dans le bas du fût en font apprécier la date. La croix proprement dite est orientée nord-sud; elle est moderne.

La croix de l'angle nord-ouest est la plus belle des trois. Elle s'élève sur quatre marches octogones du côté oriental, et cinq du côté opposé. Le socle et le piédestal, à moulures nombreuses, sont carrés. Le fût est carré, ses angles sont flanqués de pilastres prismatiques.

Sur la partie inférieure du fût on lit un commencement d'inscription qui en donne la date (L'an 1500).

l. m.ccccc.

La croix proprement dite est bien plus moderne, et on y voit dans le haut le Soleil et la Lune, et cette inscription....... LHOSTE FECIT 1780. C'est le même tailleur de pierre qui, en 1782, a fait le bénitier pédiculé de l'église.

La croix de l'angle sud-ouest s'élève sur deux marches pentagones à l'occident, et sur trois à l'est. Elle est ornée à peu près comme la précédente, mais moins riche. Le fût est tronqué. La croix s'est brisée en tombant; ses morceaux gisent à côté du socle, sur un tas de pierres. C'était une croix moderne, ornée de deux personnages affreux et de deux mains aussi laides; l'une tenait une clé, l'autre un goupillon. Dans le même tas de pierre on trouve un bras de croix ogivale : c'est sans doute un fragment de la croix primitive.

Le département de la Gironde renferme un grand nombre de ces monuments; ceux-ci, quoique peu riches, sont des plus élégants; mais ce qui est, je crois, fort rare, c'est de voir un cimetière triangulaire et même trois croix dans la même enceinte. On peut trouver la raison de cette singularité dans l'étendue du cimetière, et dans le désir qu'on a eu d'en faire reconnaître la place, quel que fût l'éloignement ou la position de l'observateur dans les vallons qui s'étendent au pied du promontoire.

Pierre tombale. — Ces croix ne sont pas les seules richesses que renferme le cimetière. Au sud de l'église une pierre tombale recouvre une fosse moderne. Afin d'avoir une place favorable pour graver toute l'épitaphe de l'obscur décédé, la statue a été retournée la face contre terre. Dans cette opération elle a perdu le devant de la mitre, une moitié de la figure, la main droite, la crosse et les sandales (*Planche XV, fig.* 5.); cependant on y reconnaît un évêque du commencement du treizième siècle avec tous ses habits pontificaux : la mitre, l'amict, le pallium, la chasuble, la dalmatique, la tunique, l'étole et l'aube; le tout magnifiquement brodé et lar-

Croix du cimetière et église St Pierre de la Garde.

gement drapé. C'est bien certainement une des plus belles statues tombales du département de la Gironde. Elle provient du cloître de l'Abbaye où elle était en compagnie de plusieurs autres qui ont été détruites.

Plat émaillé (*Planche XV, fig. 1.*) — La sacristie de la Sauve possède un plat émaillé en cuivre rouge de la fin du douzième siècle. Les sujets et les ornements qu'il renferme ont été laissés en relief, et le reste creusé, a été rempli d'émail de différentes couleurs. La partie laissée en blanc sur la gravure indique du cuivre qui primitivement a été doré ; les traits horizontaux, du bleu-de-ciel ; les verticaux, du rouge carminé ; ceux tracés de gauche à droite, du vert.

La largeur du plat est de 230 millimètres, et sa hauteur de 35. Le rebord qui a 9 millimètres est orné d'une suite de dents de loup et d'un petit filet.

Le centre du plat, quelque peu bombé, forme un cercle de 95 millimètres de diamètre. Il est inscrit dans une large bande circulaire dont la circonférence n'est éloignée du rebord du plat que de 15 millimètres. Dans cette bande s'inscrivent, autour du cercle du fond, quatre lobes se réunissant presque par leurs bases. Entre chacun des lobes est un compartiment triangulaire dont la partie supérieure est fermée par une portion du cercle. Tout cela forme neuf compartiments, un sphérique au milieu, autour duquel rayonnent les huit autres.

Les sujets ne sont indiqués qu'en silhouette.

Au milieu, deux hommes couronnent une femme. Dans les lobes, on voit : 1° Un roi, le sceptre à la main et la couronne sur la tête, assis sur son trone, et devant lui un homme tenant une épée. 2° Un personnage assis, et devant lui un autre personnage à genoux lui présente des objets de forme carrée. 3° et 4° Deux chasseurs : l'un est armé d'une lance, et l'autre à genoux, décoche une flèche contre un cerf attaqué par un chien. Ces deux animaux sont placés dans le lobe suivant. Chaque compartiment triangulaire renferme une tour crénelée à deux étages.

Tous ces sujets sont entourés d'enroulements. M. Didron, auquel j'avais communiqué ma gravure, car l'explication de ces sujets m'embarrassait fort, m'écrivait, il y a quelques jours : « Sur le plat dont vous m'avez » envoyé la gravure ne me paraît pas être figurée une scène historique. Tous les plats que je connais, portent » un sujet de galanterie ou de plaisir. C'est une chasse comme sur le bord du vôtre, un concert comme sur le » plat dit de Soissons que j'ai publié dans les *Annales Archéologiques*............. Ainsi le fond du vôtre me paraît » représenter une femme couronnée par deux hommes. Si la femme était un homme, si les deux hommes » étaient deux femmes, vous auriez exactement la scène de l'enfant prodigue, comme elle est figurée sur un » vitrail de la cathédrale de Chartres..... Voici les deux sujets tels que je crois les voir : Une chasse et une » scène de galanterie. »

Six petits orifices ronds, placés sur le revers du plat, aboutissent à une tête de chien saillante au dehors (*Planche XV, fig. 2.*). Les yeux sont en émail indigo. Elle a 15 millimètres de long sur autant de large.

Le dessous du plat a quelques moulures en creux surmontées de feuilles imitant la fleur-de-lis, et au milieu un cercle du centre duquel partent seize rayons.

ÉPILOGUE.

Si le temps ne me manquait, si d'autres travaux, peut-être plus agréables, ne m'attiraient vers une autre région de l'art, je ne me contenterais pas de cette étude isolée : je ferais connaître l'influence ichonographique qu'un monument, tel que l'Abbaye de la Sauve, a exercée sur les églises voisines. Nous trouverions les sujets que j'ai décrits presque identiquement reproduits à Aubiac, à Loupiac, à Bouillac, à Cessac, à Courpiac, etc., où l'on voit des hommes renversés se tirant réciproquement la barbe; le péché d'Adam; Daniel dans la fosse aux lions, des centaures (Voyez dans les *Types de l'Architecture au moyen-âge dans la Gironde*, par Léo Drouyn.), le martyre de saint Jean-Baptiste; à Carignan, des modillons presque copiés; à Saint Sulpice d'Izon, les lions, les aspics et les basilics; enfin presque partout des entrelacs et des enroulements imités de ceux de l'Abbaye.

La Sauve était, au moyen-âge, un centre d'où rayonnaient les vertus, les richesses, les sciences et les arts. Si pendant quelque temps son influence a été nulle ou oubliée, espérons que, les temps devenant meilleurs, elle reprendra son ancien rôle.

ERRATA.

Coup-d'œil historique, troisième page, ligne 27, au lieu de : *où nous les voyions*, lisez : *où nous la voyions*.
Planche III, première page, ligne 12, au lieu de : *M. Perrier*, lisez : *M. Périé*.
Planche IV, ligne 8, au lieu de : *fruitre*, lisez : *fruste*.
Planche V, première page, ligne 5, au lieu de : *bi-corpore*, lisez : *bi-corporé*.

Planche V, première page, ligne 30, au lieu de : *flanc sud*, lisez : *flanc nord*.
Planche IX, première page, ligne 1, au lieu de : *41 m. 50 c.*, lisez : *41 m.*
Planche X, première page, ligne 30, au lieu de : *bi-corpores*, lisez : *bi-corporés*.
Planche XI, deuxième page, ligne 5, au lieu de : *celui-ci*, lisez : *celui-là*.
Planche XI, deuxième page, ligne 6, au lieu de : *celui-là*, lisez : *celui-ci*.

www.ingramcontent.com/pod-product-compliance
Lightning Source LLC
LaVergne TN
LVHW021002090426
835512LV00009B/2036